Manfred Miethe

Entspannung zu zweit

Durch den Körper die Seele berühren

Gesteigerter Lebensgenuß
Neue Intimität
Freude an der Berührung

UMSCHAU:

Die Deutsche Bibliothek – CIP-Einheitsaufnahme

Miethe, Manfred:
Entspannung zu zweit: durch den Körper die Seele berühren; gesteigerter
Lebensgenuß; neue Intimität; Freude an der Berührung / Manfred Miethe. –
Frankfurt am Main: Umschau Buchverl., 1998
      ISBN 3-524-72015-3

© 1998 Umschau Buchverlag Breidenstein GmbH,
Frankfurt am Main

Umschlaggestaltung: Studio Lüdtke & Team, München
Lektorat: Karin Kern
Gesamtherstellung: Druckerei Bitsch GmbH, Birkenau

Printed in Germany

ISBN 3-524-72015-3

Inhalt

Teil 1
Die Geschichte

Die Entdeckung meines Schangri-La

Nun konnte es nicht mehr weit sein. Mir war, als hörte ich schon das laute Blöken zahlreicher Schafe, als röche ich das Feuer der Hütten und hörte die Stimmen lachender Kinder. Vielleicht würde ich ja schon nach dem nächsten Hügel am Ziel meiner Sehnsucht angekommen sein.

Die Landschaft um mich herum war karg und felsig; die wenigen Bäume, unter deren Schatten ich mich ein wenig ausruhen konnte, waren verkrüppelt und boten mir nur wenig Schutz vor der sengenden Sonne. Die Luft war dünn, und es wehte ein kalter Wind, so daß ich die Hitze der Sonne nicht einmal spüren konnte. Obwohl meine Lungen auf Hochtouren arbeiteten, um meinen Körper mit ausreichend Sauerstoff zu versorgen, kam es mir vor, als würde ich jeden Augenblick ersticken.

Der Sauerstoffmangel machte schon die kleinste Bewegung zu einer Qual. Kein Wunder, denn ich befand mich in über zweitausend Metern Höhe irgendwo in den Bergen im Grenzgebiet zwischen dem Iran und Afghanistan. Ich war von Herat aus immer nach Westen dem Sonnenuntergang entgegen gewandert, dann in die Bergregion hinauf geklettert und befand mich nun schon seit einer Ewigkeit in dieser trostlosen Mondlandschaft. Ob ich noch in Afghanistan war oder schon die Grenze zum Iran überschritten hatte, war unmöglich zu sagen, denn es gab in dieser Gegend keine Grenzmarkierungen oder natürlichen Grenzen, die die beiden Länder eindeutig sichtbar voneinander trennten.

Immerwährende Jugend, Vitalität und Gesundheit

Das Dorf, nach dem ich suchte, konnte nicht mehr weit sein. Der Name klang mir im Ohr: Briemava. Es hörte sich für mich an wie „Schangri-La", wie jener sagenhafte Ort in Tibet, an dem der Legende nach unsterbliche Mönche leben sollten, die das Geheimnis der ewigen Jugend enträtselt hatten. Manoutsch hatte mir zwar keine Unsterblichkeit versprochen, aber immerwährende Jugend, Vitalität und Gesundheit bis zum Tode schon.

Manoutsch! Sein Name schien in den Felsen zu vibrieren; ja, es schien mir, als sei dieser ganze Ort aus dem Klang seines Namens gemacht, als sei er der Schöpfer dieser Welt. Ich hatte eine Botschaft an seinen Großvater dabei, der mich – so war ich sicher – in die höchsten Geheimnisse seiner Kunst einweihen würde. Manoutsch hatte schon als kleiner Bub sein Wissen von seinem Großvater erhalten, so wie ich von meiner Großmutter in die Heilkünste initiiert worden war, als ich noch ein Teenager war und mir ihre Heilkräfte wie abergläubischer Humbug vorgekommen waren. Sie hatte mich zwar von der Gürtelrose geheilt, der die hinzugezogenen Ärzte rat- und hilflos gegenübergestanden hatten, aber glauben konnte ich damals nicht so recht an ihre wundersamen Kräfte.

Ein Hustenanfall brachte mich wieder in die Wirklichkeit zurück, die mir so unwirklich schien. Immer wieder glaubte ich in einem Felsen das große bärtige Gesicht von Manoutsch zu sehen, in einem Baum erschien die schlanke Gestalt meines Freundes Jon, durch den ich Manoutsch kennengelernt hatte; Sträucher murmelten mit Stimmen, die mir seltsam vertraut waren und die ich aus einer anderen Welt zu kennen meinte. Immer wieder zwang ich mich mit Mühe auf den steinigen Weg zurück, verbannte die Gesichter und die Stimmen aus meinem Kopf, um mich ganz auf meine Aufgabe zu konzentrieren und einen Fuß vor den anderen zu setzen.

Das gelobte Land

Und dann lag plötzlich das gelobte Land vor mir: Briemava. Nachdem ich wieder einen der unzähligen Pässe überquert hatte, öffnete sich mir der Blick auf ein weites fruchtbares Tal voller Bäume, grüner Felder und Wiesen, auf denen Pferde und Schafe grasten. Die Äste der Obstbäume hingen schwer mit Früchten, die Pferde galoppierten übermütig miteinander um die Wette, unverschleierte Frauen saßen am Fluß, wuschen Wäsche und sangen Lieder voller Sehnsucht.

Nicht weit von mir entfernt sah ich eine Gruppe Kinder um eine alte Frau herumstehen, die sich gerade rittlings auf den Bauch eines Mannes setzte. Die Kinder lachten, und ihre fröhlichen Stimmen belebten mich wie ein Sprung in kaltes Wasser.

In der Mitte des Dorfes aber stand ein alter Mann mit einer leuchtenden Glatze und einem langen, pechschwarz wallenden Bart: Er war in einen Mantel aus Schaffell gekleidet und blickte geradewegs in meine Richtung. Völlig unbeweglich stand er da und sah mir direkt in die Augen, obwohl ich noch an die dreihundert Meter weit von ihm entfernt war. Aber ich meinte, er blicke mir nicht in die Augen, sondern direkt in mein Herz hinein, so daß ich mich völlig nackt und schutzlos vor ihm fühlte.

Aber als er lächelte, da war es, als griffe er mir direkt in die Brust und streichelte mein Herz, so daß es weich wurde und ganz langsam von innen her zu singen begann. Ich hörte seine Stimme, sah aber nicht, daß sich seine Lippen bewegten.

„Manfred, wo bist du nur so lange gewesen?"

Ich wollte zu ihm hinlaufen, konnte aber meine Beine nicht bewegen. Sie waren seltsam verkrampft, als ob ich zu lange auf dem Boden gesessen hätte. Meine Stimme versagte mir, als ob die Verbindung zwischen Gehirn und Stimmbändern auf geheimnisvolle Weise unterbrochen worden wäre. Und wieder die Stimme, die mich so eindringlich rief.

„Manfred!"

Und noch einmal drang mein Name an mein Ohr, dieses Mal aber lauter und dringlicher: „Manfred!"

Zurück in Kalifornien

Ich kniff die Augen zusammen, und als ich sie wieder öffnete, sah ich direkt in das markante Gesicht von Manoutsch, der mich aus seinen kohlrabenschwarzen Augen wütend anfunkelte.

„Würdest auch du bitte so freundlich sein und mir deine geschätzte Aufmerksamkeit schenken?", fuhr er mich mit seiner vor Sarkasmus triefenden Stimme in seinem charakteristischen Akzent an, der irgendwo zwischen Indisch und Japanisch lag.

Ich erwachte aus meinem Traum und sah mich um. Der alte Mann war verschwunden, seit Manoutsch sich in mein Gesichtsfeld gedrängt hatte. Auch das Dorf war nicht mehr da. Statt dessen sah ich mich von Orientteppichen aller Art umgeben, die auf dem Boden lagen, an den Wänden hingen und in einem großen Haufen in einer Ecke aufgestapelt waren. An die Stelle der Dorfbewohner, die ihren Beschäftigungen nachgingen, waren meine Mitschüler getreten, die mich mit einer Mischung aus Belustigung und Verachtung ansahen. Jon grinste mich mit seinem schiefen Lächeln verlegen an und zuckte mit den Schultern.

Ich war nicht mehr in Briemava irgendwo im Niemandsland zwischen dem Iran und Afghanistan; ich saß in einem Teppichladen in der Claremont Avenue im kalifornischen Oakland.

Irgendwo in Afghanistan

Wie schon so oft hatte ich auch an diesem Tag wieder einmal von jenem sagenhaften Ort geträumt, von dem Manoutsch uns jeden Tag erzählte und der für mich so wirklich geworden war, daß ich glaubte, tatsächlich schon dort gewesen zu sein. Seinen Erzählungen zufolge lag Briemava, der Ort, an dem er geboren wurde und den er mit siebzehn Jahren verließ, weil er ihm zu klein, zu provinziell und vor allem zu langweilig geworden war, irgendwo im Grenzgebiet zwischen dem Iran und Afghanistan. Die Bewohner sind Kurden, die vor Hunderten von Jahren das damalige Persien durchwandert und sich schließlich in dem abgeschiedenen Tal niedergelassen hatten, um ihr Leben so zu leben wie sie es für richtig hielten.

Anders als bei den moslemischen Nachbarvölkern sind Männer und Frauen in Briemava gleichberechtigt und nehmen gleichermaßen an allen Aspekten des Dorflebens teil. Verschleierte Frauen, die das Haus nicht verlassen dürfen, sind undenkbar in einer Kultur, die auf dem harmonischen Zusammenwirken aller Gesellschaftsmitglieder basiert und die soziale Stellung ihrer Bürger nicht durch das Geschlecht, sondern durch die persönliche Erfahrung, Reife, Weisheit und den Grad der Selbstverwirklichung jedes einzelnen Menschen bestimmt.

Die Bewohner von Briemava sind Bauern und Schafhirten und leben in einem solchen Einklang mit der Natur, daß es ihnen inmitten dieser öden und unfruchtbaren Region, die Menschen scheinbar feindlich gesonnen ist, gelang, Überfluß zu erzeugen und bis zum heutigen Tag weitgehend autark zu bleiben. Die Notwendigkeit täglicher schwerer körperlicher Arbeit lehrte sie, die Bedürfnisse ihrer Körper zu respektieren und auf ihre Botschaften zu hören. Um zu überleben und die karge Berglandschaft urbar zu machen, müssen die Menschen stark, gesund und gelenkig sein. Unter diesen Bedingungen entwickelten die Dorfbewohner, die weder Ärzte noch Priester kennen, im Laufe der Jahrhunderte eine einzigartige Methode der Gesundheitsvorsorge und -pflege: Heilung durch Berührung und Bewegung mit Hilfe von Techniken, die sowohl aus Partnerübungen als auch aus allein durchzuführenden Übungen bestehen.

Die Aktivierung der Selbstheilungskräfte

Diese Methode soll helfen, das körperliche und seelische Gleichgewicht zu erhalten oder es wiederherzustellen und im Krankheitsfall die Selbstheilungskräfte des Körpers zu aktivieren.

Da in Briemava die Geschlechter gleichberechtigt sind, ist es kein Wunder, daß diese Übungen gleichermaßen von Männern wie Frauen entwickelt und von Generation zu Generation weitergegeben wurden. Viele der schönsten dieser traditionell überlieferten Techniken wurden von Frauen entwickelt, die ohnehin einen leichteren Zugang zu den ihnen innewohnenden Heilkräften besitzen als Männer.

Briemava ist wohl kaum ein Einzelfall. Überall auf der Welt haben Gesellschaften schon vor langer Zeit Formen der Gesundheitspflege entwickelt, die auf Berührung und Bewegung beruhen, aber hier in der Abgeschiedenheit der Berge konnten sich diese Methoden im Laufe vieler Jahrhunderte unbeeinflußt weiterentwickeln und verfeinern, ohne von der modernen Apparatemedizin verdrängt zu werden.

Heilen durch Berührung ist sicherlich die ursprünglichste und älteste Form des Heilens und der Gesundheitsvorsorge und wurde in allen Kulturen entwickelt. Selbst heute in der Zeit der computerisierten Medizintechnologie erinnern sich viele Menschen wieder an diese natürliche – und kostengünstige – Form der Vorsorge und Pflege. Überall haben Seminare, in denen die unterschiedlichsten Massagetechniken, Methoden der Körper- und Energiearbeit, Kinesiologie oder Shiatsu gelehrt werden, regen Zulauf. Reiki, ein ursprünglich aus Japan stammendes System der Energieübertragung durch Handauflegen, hat schon seit Jahren seinen festen Platz in der alternativen Medizin Europas und Amerikas gefunden.

Heilen durch Berühren

Schon in vorgeschichtlicher Zeit haben Menschen einander gehalten, gewiegt und gestreichelt, um sich zu beruhigen und einander beizustehen. Selbst höherentwickelte Tiere tun dies instinktiv, um den Gruppenzusammenhalt zu fördern und Aggressionen abzubauen.

Schon immer haben Menschen die Hände der Kranken, der Verzweifelten und der Sterbenden gehalten, um ihnen Trost zu spenden und ihre Angst zu mindern. Auch unsere Vorfahren haben schon vor Tausenden von Jahren instinktiv bestimmte Punkte des Körpers gedrückt, um Schmerzen zu lindern oder Kraftreserven zu mobilisieren. Sie haben ihre schmerzenden Muskeln gerieben oder ihre müden Glieder geschüttelt. Durch Versuch und Irrtum unzähliger Generationen haben die Menschen gelernt und erkannt, welche Punkte bei bestimmten Problemen helfen und daraus verschiedene Systeme wie Reflexzonentherapie, Akupressur oder Akupunktur entwickelt.

So hat sich im Laufe der Jahrhunderte auch in Briemava das intuitive Wissen einfacher Leute zu einem System der Gesundheitspflege entwickelt, das aus ihrem täglichen Leben nicht mehr wegzudenken wäre. Zu allen Stunden des Tages kann man Dorfbewohner sehen, die für sich allein Übungen ausführen oder einander auf den Rücken klopfen, gegenseitig Beine und Arme strecken oder einander einfach umarmen und halten. Ständig ist der rhythmische Gesang zu hören, der den Alltag und somit auch die Übungen begleitet.

Diese Übungen wurden für die Einwohner von Briemava das wichtigste Mittel, um gesund und stark zu bleiben oder es wieder zu werden; um miteinander zu kommunizieren oder einfach Spaß miteinander zu haben. In einem Dorf ohne Elektrizität und damit auch ohne Radio, Fernsehen oder Computer, ohne Zeitungen und Bücher, ohne Priester, Ärzte, Fitneßzentren oder Psychiater übernahmen diese Übungen im Laufe der Zeit die Funktionen von Religion, Medizin, Fitneß und Unterhaltung gleichermaßen.

Die Priorität der eigenen Gesundheit

Seit einem Jahr war ich Schüler eines Mannes namens Manoutsch, eines ungewöhnlichen Mannes der in seinem Teppichladen in Oakland eine Methode der Körperarbeit unterrichtete, die er seinem Heimatdorf zu Ehren „Briema" genannt hatte.

Einige Jahre vorher war ich in Hawaii bereits an der *Honolulu School of Massage* als Massagetherapeut ausgebildet worden und hatte dort meine staatliche Abschlußprüfung abgelegt, die mich berechtigte, im amerikanischen Bundesstaat Hawaii Körpertherapien zu praktizieren. Zusätzlich zur klassischen – oder wie es in Amerika heißt: „schwedischen" – Massage hatte ich auch die Esalen-Massage gelernt, die sich im Gegensatz zu den oft schmerzhaften Behandlungsmethoden der klassischen Massage durch lange, ruhige Techniken auszeichnet, mit deren Hilfe dem Körper ein Gefühl von Ganzheit vermittelt werden soll.

Von John Pasqualetti hatte ich die Einweihungen in den ersten und zweiten Reiki-Grad erhalten und bei Marie Riley eine Zusatzausbildung in Jin Shin Do, einer modernen Form der Akupressur, absolviert. Jin Shin Do unterscheidet sich von den klassischen Akupressurmethoden wie Shiatsu hauptsächlich dadurch, daß nur ganz sanfter Druck ausgeübt wird und immer zwei Meridianpunkte miteinander verbunden werden, um den Fluß der Lebensenergie zwischen ihnen anzuregen.

Seit die Mutter meiner Mutter meine Heilkräfte als Teenager erkannt und aktiviert hatte, war Heilen durch Handauflegen für mich etwas völlig Normales geworden. Ich hatte meiner Familie und Freunden damit geholfen, mir aber niemals vorgestellt, Heilen zu meinem Beruf zu machen. Statt dessen hatte ich nach der Entlassung aus der Bundeswehr zunächst Sozialpädagogik studiert, das Studium aber kurz vor der Abschlußprüfung abgebrochen.

In Hawaii ergab sich dann für mich die Möglichkeit, meine Fähigkeit und Neigung zu meinem Beruf zu machen. Aber nach dem erfolgreichen Abschluß meiner Ausbildungen in verschiedenen Therapiemethoden und nach einigen Jahren der Praxis blieb eine Unzufriedenheit zurück. Bei der Arbeit mit meinen Klienten hatte ich mich immer als von ihnen getrennt empfunden. Hier fehlte mir etwas ganz wesentliches und ich war auf der Suche nach einer Methode, die diese Trennung aufheben könnte.

Anderen helfen, ohne mir selbst zu schaden

Mittels verschiedener Techniken und Therapieformen hatte ich auch einige Menschen geheilt und mich auf Kopfschmerzen, Menstruationsprobleme, Rückenschmerzen und psychische Traumata spezialisiert. Aber immer, wenn es den Klienten besser ging, fühlte ich mich schlechter. Die Schmerzen, die sie loswurden, bekam ich. Daher suchte ich einen Weg, anderen Menschen zu helfen, ohne mir selbst Schaden zuzufügen.

Ich hatte mich mit der Hilfe eines Übersetzers mit einem alten Mönch namens Sifu Kuo darüber unterhalten, der vor ein paar Jahren meine Rückenschmerzen mit Akupunktur geheilt hatte. Er hatte mir zugehört, geseufzt, als ob er das Problem nur zu gut auch aus eigener Erfahrung kannte, und mir folgenden Rat gegeben: „Wenn du anderen Menschen helfen willst, mußt du vor allem erst einmal selbst gesund und stark werden. Du kannst nichts Gutes tun, wenn du dich selbst krank machst. Achte nicht nur auf die Gesundheit anderer, sondern vor allem auf deine eigene."

Ich warf ein: „Aber wenn ich warte, bis ich selbst völlig gesund bin, werde ich doch niemals andere Menschen heilen können!"

Er lachte, nachdem ihm die Worte übersetzt worden waren: „Wenn es dir schlecht geht und du jemanden behandelst, wird er deine Schwäche spüren und auf sie mit Schwäche reagieren. Wenn du aber ein Beispiel blühender Lebenskraft bist, wird er sich an deiner Stärke orientieren. Der andere Körper reagiert immer auf das, was du ihn spüren läßt. Du tust niemandem etwas Gutes, wenn du die Bedürfnisse deines eigenen Körpers nicht achtest."

Ein Hilferuf in der Zeitung

Eines Tages las ich im *Honolulu Advertiser* den Artikel eines Journalisten, der krebskrank war und seine Gefühle angesichts seines bevorstehenden Todes beschrieb. Er hatte die üblichen schulmedizinischen als auch die unterschiedlichsten alternativen Heilmethoden über sich ergehen lassen und nach Aussage seiner Ärzte blieben ihm nur noch ein bis zwei Wochen zu leben. Der Artikel erschütterte und berührte mich zutiefst, aber er löste noch etwas anderes in mir aus: Ich wurde das Gefühl nicht los, daß Pierre, so hieß der Journalist, diesen Artikel für mich persönlich geschrieben hatte, daß er gleichsam seine Hand nach mir ausstreckte und um meine Hilfe bat.

Ich rief die Zeitung an, um seine Adresse zu erfahren, was mir aber verständlicherweise verweigert wurde. Da er auch im Telefonbuch nicht aufgeführt war, wußte ich nicht, wie ich Kontakt mit ihm aufnehmen sollte. Da trat wieder einer dieser merkwürdigen „Zufälle" ein: Am nächsten Tag erhielten meine Frau Su Ling und ich Besuch von Bill, einem ehemaligen Nachbarn. Er hatte die Zeitung dabei, und als er sie mir zeigte, sagte er: „Ich finde, du solltest mit ihm Verbindung aufnehmen. Vielleicht kannst du ihm helfen."

Pierre war ein guter Freund von ihm, und als ich Bill erzählte, daß ich denselben Gedanken gehabt hatte, rief er sofort bei Pierres Frau an. Vorher warnte er mich allerdings noch:

„Mach dir bloß nichts daraus, wenn er dich abweist. Er glaubt nämlich nicht an solche Sachen wie Heilung durch Handauflegen. Außerdem hat er schon alle möglichen schulmedizinischen und alternativen Methoden hinter sich. Nichts hat ihm geholfen. Daher ist er ein gebranntes Kind."

„Und außerdem ist er ein ausgesprochener Zyniker und bekannt für seine scharfe Zunge. Er war schon immer so, aber durch die Krankheit ist er noch schlimmer geworden", fügte er etwas verlegen hinzu und sah mich nachdenklich an: „Soll ich ihn wirklich anrufen? Es kann durchaus sein, daß er dich total abblitzen läßt."

Ich wollte es trotzdem versuchen, weil ich fest davon überzeugt war, daß er sich mit seinem Hilfeschrei an mich gewandt hatte. Bill rief also Pierres Frau an, sprach erst mit ihr, dann mit seinem Freund und legte dann nachdenklich auf. Er sah mich verblüfft an.

„Er will sich tatsächlich mit dir treffen. Er ist zwar sehr skeptisch, weil er nicht an dieses Zeugs glaubt, aber er will dich trotzdem sehen. Und das, obwohl du auch noch ein Haole bist!"

Die Hawaiianer nennen Menschen europäischer Herkunft pauschal „Haole", was ursprünglich einmal „Fremder" bedeutet hatte, aber im Laufe der Zeit zu einem abwertenden Sammelbegriff für alle Weißen geworden war. Pierre war zwar selbst zum Teil weiß, identifizierte sich aber ausschließlich mit seinem hawaiischen Teil, zumal der europäische Teil seiner Familie schon seit mehreren Generationen in Hawaii lebte und daher als einheimisch galt.

Der Haole-Kahuna

Um den Kontakt und das erste Gespräch zu erleichtern, fuhren Bill, der portugiesischer, und Su Ling, die chinesischer Abstammung ist, mit. Pierres Frau Lee-Anne begrüßte uns und warnte uns gleich: „Er hat heute besonders starke Schmerzen und dementsprechend mies ist auch seine Laune."

Aus dem Nachbarzimmer hörten wir seine unwillige Stimme: „Wer ist denn da? Warum macht ihr so einen Krach? Dabei kann ja kein Mensch schlafen! Könnt ihr es denn gar nicht abwarten, bis ich endlich tot bin?"

Lee-Anne brach in Tränen aus und führte uns ins angrenzende Zimmer. Pierre lag auf seinem Bett und sah nur mich an. Er würdigte seinen alten Freund Bill und Su Ling keines Blickes. Unvermittelt schnauzte er mich an: „So, du bist also dieser Wunderheiler-Haole. Kannst du was, was unsere Kahuna nicht können?"

Kahuna sind die hawaiischen Priester-Heiler, die nach fast zwei Jahrhunderten christlicher Unterdrückung langsam wieder ein Comeback erleben und sich mit ihrem Wissen wieder an die Öffentlichkeit trauen. Ich hatte sicher nicht vor, mich mit ihnen zu vergleichen oder mit ihnen zu konkurrieren. Statt dessen bemühte ich mich nach Kräften, Pierres schlechte Laune zu ignorieren und mich auf seinen inneren Kern zu konzentrieren, der völlig unberührt von den Problemen des Körpers und der Persönlichkeit ist.

„Ich bin sicher kein Kahuna", antwortete ich. „Aber meine Großmutter hat mir die Gabe des Heilens übertragen, und ich habe schon einigen Menschen geholfen. Vielleicht kann ich mit meinen Mitteln wenigstens deine Schmerzen ein wenig lindern. Heilen kann ich dich sicher nicht."

„Endlich einmal einer, der ehrlich mit mir ist und mir nicht das Blaue vom Himmel vorlügt und mir noch das letzte Geld aus der Tasche ziehen will."

Er seufzte müde und resigniert: „Also, fang schon an, Haole-Kahuna. Ich werde nämlich noch wahnsinnig vor Schmerzen."

Ich bat ihn, sich auf die Seite zu drehen. Dann setzte ich mich zu ihm und legte eine Hand auf sein Steißbein und die andere auf seinen Nacken. Er stöhnte noch ein wenig, dann schloß er die Augen und war schon ein paar Minuten später eingeschlafen. Nach einer Stunde wachte er auf und sah mich verblüfft an.

„Ich habe keine Schmerzen mehr. Was hast du bloß gemacht, Hao-le-Kahuna? Hast du mich verhext? Egal, ich habe Hunger. Laß uns etwas essen."

Pierres plötzliche Verwandlung zum Besseren war verblüffend. Aber auch in mir hatte sich etwas verändert. Mir war nämlich schwindelig, und ich fühlte mich gar nicht gut. Später am Tag wog ich mich und mußte feststellen, daß ich drei Pfund abgenommen hatte.

Pierre ignorierte meinen Schwächeanfall. Er stand auf, stützte sich auf mich und dann schlurfte er mit meiner Hilfe ins Eßzimmer, wo die anderen drei beisammensaßen und sich leise unterhielten. Pierre hatte den massigen Körperbau der typischen Hawaiianer und wog trotz seiner Krankheit, die ihn ausgezehrt hatte und die ihm die Haut in losen Falten von den Knochen herabhingen ließ, immer noch weit über 250 Pfund. Ich war froh, als er sich in einen Sessel fallen ließ und ich von seinem Gewicht erlöst war.

Heilung in den Tod hinein

Im Laufe der nächsten zwei Wochen behandelte ich Pierre jeden zweiten Tag. Danach ging er wieder zur Arbeit, obwohl die Ärzte ihm wegen seines fortgeschrittenen Rückenmarkskrebses höchstens noch ein bis zwei Wochen gegeben hatten. Wir wurden gute Freunde, und ich behandelte ihn ein paar Monate lang zwei bis drei Mal im Monat. Dann – etwa ein halbes Jahr, nachdem wir uns kennengelernt hatten –, kam die Krankheit mit voller Kraft zurück, und er starb innerhalb weniger Tage.

Aber sein Tod unterschied sich ganz entscheidend von dem Tod, dem er sich sechs Monate vorher gegenübergesehen hatte. War er damals zynisch, verbittert und wütend gewesen und hatte er seine Familie und Freunde mit seinen Tobsuchtsanfällen terrorisiert, so starb er jetzt in Frieden und von der Liebe seiner Freunde und Familienmitglieder umgeben. Es war, als hätte er nur noch etwas Zeit gebraucht, um sein Leben abzuschließen und inneren Frieden zu erlangen, bevor er seinen Körper loslassen konnte.

Ich erzähle diese Geschichte vor allem deshalb, weil sie erklärt, warum die Suche nach einer neuen Methode, die mir nicht die letzten Kraftreserven nahm, für mich immer dringlicher wurde. Denn in dem Maß, in dem Pierres Schmerzen nachließen, bekam ich sie. Und als ich eines Morgens aufwachte und vor Rückenschmerzen nicht mehr aufstehen konnte, wußte ich, daß ich nicht länger auf diese Weise heilen konnte und wollte.

Ich dachte an meine Großmutter, die im Laufe ihres Lebens viele Menschen geheilt hatte, sich aber am Ende selbst nicht helfen konnte und vom Krebs gleichsam aufgefressen wurde. Aber sie konnte auch nicht sterben und mußte sich deshalb viele Jahre lang mit Hilfe immer stärker dosierter Schmerzmittel durchs Leben quälen.

Die Geschichte einer weisen Frau

Meine Großmutter wurde 1897 geboren und starb 1976 im Alter von 79 Jahren an Krebs. Als ich siebzehn war und mich voll in einer pubertären Krise befand, war ich zum ersten Mal mit ihrer ungewöhnlichen Kraft in Berührung gekommen.

Ich hatte damals einen schweren Fall von Gürtelrose auf meinem Rücken. Gürtelrose ist eine geheimnisvolle und schwer faßbare Krankheit. Sie gilt als Erkrankung des Nervensystems, aber niemand wußte damals so recht, wodurch sie hervorgerufen wird und was man dagegen tun kann. In meinem Fall zog sich ein knallrotes, schwieliges Band da über meinen Rücken, wo sich auch mein Gürtel befunden hätte. Es heißt im Volksmund, „wenn sich der Gürtel um die Taille schließt, stirbt der Mensch".

Zuerst ging ich natürlich zu unserem Hausarzt, der mich zum Hautarzt schickte, der mich an einen Neurologen weiterempfahl. Dieser erklärte mir kopfschüttelnd, daß er nichts für mich tun könne. Natürlich könne er mir Antibiotika und Schmerzmittel verschreiben, aber die würden wahrscheinlich nichts nützen und obendrein mein Immunsystem noch weiter schwächen.

Er rutschte eine Weile nervös auf seinem Stuhl hin und her und riet mir schließlich, doch eine „weise Frau" aufzusuchen. Ich konnte die Anführungszeichen aus seiner Stimme geradezu heraushören. Die hätten angeblich manchmal Erfolg mit solchen Dingen, habe er gerüchteweise gehört, fügte er noch leise hinzu.

Natürlich war ihm dieser Rat äußerst peinlich, denn weise Frauen, die es in unserer Gesellschaft und in allen Kulturen schon seit Tausenden von Jahren gegeben hat, sind den studierten Vertretern der Schulmedizin ein Dorn im Auge und obendrein eine unerwünschte Konkurrenz. Im Mittelalter wurden diese weisen Frauen zu Hunderttausenden von den kirchlichen und weltlichen Autoritäten als Hexen und Satansanbeterinnen verfolgt, gefoltert, in Schauprozessen abgeurteilt und oft genug unter dem Gegröle eines blutrünstigen Mobs auf dem Scheiterhaufen verbrannt.

Was war ihr Verbrechen gewesen? Weshalb hatte man sie verfolgt, gequält und auf so bestialische Weise ermordet? Die weisen Frauen hatten als Hebammen bei Geburten ebenso zur Seite gestanden wie sie als Heilerinnen für Mensch und Tier fungierten. Sie gaben Rat in allen Alltagsfragen, von Krankheiten über Liebe bis zu Gelddingen, und waren manchmal als Astrologinnen und Wahrsagerinnen tätig, die die besten Aussaat- und Erntezeiten berechneten.

Der Rat eines Arztes

Als ich vom Arzt nach Hause kam und meinen Eltern von seinem Rat erzählte, schlugen sie mir sogleich vor, zur Mutter meiner Mutter zu gehen, da diese eine solche weise Frau sei. Ihnen zufolge hatte meine Großmutter schon vielen Menschen durch Gebete und Handauflegen geholfen. Und selbst mein normalerweise so skeptischer Vater vertraute mir an, daß Omi ihn gleich nach dem Krieg vom Rheumatismus geheilt hatte.

Er hatte sie in den folgenden Jahren sogar mehrmals gebeten, ihre Kraft auf ihn zu übertragen, aber sie hatte es kategorisch abgelehnt und ihm erklärt, daß die „Kraft", wie sie sie nannte, nur auf Blutsverwandte übertragen werden konnte und daß bei der Übertragung jeweils eine Generation übersprungen werden mußte. Sie selbst hatte die Kraft von ihrer Großmutter mütterlicherseits geerbt, die gegen Ende des letzten Jahrhunderts in Norddeutschland als Hebamme und Heilerin gearbeitet hatte.

Jetzt, da meine Großmutter alt geworden und sie nicht mehr so stark und widerstandsfähig war wie früher, war das Heilen für sie sehr anstrengend geworden. In jüngeren Jahren hatte sie oft genug mit mehreren Menschen hintereinander gearbeitet, obwohl sie auch damals schon gekränkelt hatte, aber jetzt konnte sie nur noch gelegentlich jemand behandeln und oft blieb der Erfolg aus. Das Heilen erschöpfte sie mehr und mehr. Wir wußten damals noch nicht, daß ihr müder Körper bereits von Krebsgeschwüren verwüstet wurde, und daß sie all ihre Kraft gebraucht hätte, um sich selbst zu heilen.

In meiner Teenagerphantasie stellte ich mir vor, wie meine kleine verhutzelte Omi mir ein fürchterlich stinkendes Gebräu aus lebendigen Kröten, menschlichen Haaren und Spucke zusammenbrauen würde. Wahrscheinlich würde ich es dann um Mitternacht aus einem Schädel auf dem Friedhof trinken müssen. Ich wußte nicht, ob ich über sie lachen oder mich vor ihr fürchten sollte. Daß sie wirklich Menschen durch Handauflegen heilen konnte, daran konnte und wollte ich nicht glauben.

Ich erinnerte mich vage daran, daß Omi gelegentlich „Gesichte" hatte, daß sie manchmal im voraus sah, was passieren würde, oder wußte, was während ihrer Abwesenheit geschehen war. Manchmal erschreckte sie uns alle, wenn sie uns von einem ihrer Träume erzählte, in dem ihr ein Zahn ausgefallen war. Das bedeutete nämlich, daß schon bald jemand aus der Familie sterben würde.

Ein merkwürdiges Heilungsritual

Obwohl ich meine Großmutter wirklich gern hatte, weigerte ich mich doch zunächst, zu ihr zu gehen und sie um Hilfe zu bitten. Schließlich war ich siebzehn Jahre alt und ein moderner Mensch, der sich mehr für die Rolling Stones als für Jesus interessierte und sich nicht mit mittelalterlichem Aberglauben abgeben wollte. Aber da waren die Gürtelrose, die mit jedem Tag schlimmer wurde, der verschämt gegebene Rat des Arztes und das Drängen meiner Eltern.

Die Gürtelrose, die auf meinem Rücken angefangen hatte, wuchs nun tatsächlich von der Taille aus von beiden Seiten zum Bauchnabel hin. Schließlich siegte meine Angst doch noch über meine Skepsis, und eines Tages machte ich mich auf, um meine Großmutter in ihrer kleinen Wohnung zu besuchen.

Sie bot mir einen Stuhl an, sah sich meinen Rücken kurz an, brummelte etwas vor sich hin, das ich nicht verstand, setzte sich dann auf den anderen Stuhl, rauchte eine Zigarette und trank ein Glas Schnaps, ohne weiter mit mir zu reden. Ich erwartete irgend etwas Spektakuläres, etwa daß Omi nun in eine Art Trance fallen oder anfangen würde, in unverständlichen Sprachen zu reden. Ich wartete darauf, daß der Tisch zu rütteln anfangen würde oder daß die Bilder mit Getöse von der Wand fielen. Aber nichts dergleichen geschah. Sie saß nur still da, war sehr ruhig, rauchte, trank und dachte nach. So schien es mir wenigstens.

Dann sprang sie plötzlich auf und bestimmte mit einer durchdringenden, kräftigen Stimme, die keinen Widerspruch duldete:

„Schließ die Augen, Manni, und dreh dich nicht um. Öffne deine Augen auf gar keinen Fall, egal was auch geschehen mag. Du mußt fest daran glauben, daß ich dir helfen kann. Sonst geht es nicht. Nur wenn du daran glaubst, kann ich dir helfen!"

Sie trat hinter mich und zog mir das Hemd hoch, so daß mein Rücken entblößt war. Dann fing sie an, hinter mir zu murmeln und leise und monoton zu singen. Ich glaubte, die folgenden Worte herauszuhören: „Mutter Maria ging über Land, drei Rosen in ihrer

Hand. Die erste zerbrach sie, die zweite zerstach sie, die dritte fiel aus ihrer Hand."

Sonst fühlte ich nichts weiter als kalte Luft auf meiner Haut. Ich wurde müde, mir wurde abwechselnd kalt und heiß, und obendrein langweilte ich mich. Fünfzehn Minuten des Nichtstuns sind eine lange Zeit für einen Teenager, und ebensolang brummelte sie unverständliche Worte und sang eintönige Melodien, ohne mich auch nur anzufassen. Plötzlich spuckte sie auf meinen Rücken. Und zwar genau auf die Stelle, an der die Gürtelrose zuerst aufgetaucht war. Es zischte, und ich meinte so etwas wie versengte Haare und verbranntes Fleisch zu riechen.

Als sie mir sagte, ich könne mich wieder anziehen, war ihre Stimme sehr leise und klang sehr müde. Während ich mir das Hemd wieder in die Hose steckte, mußte sie sich hinsetzen, rauchte ein Zigarette und schenkte sich noch ein Glas Schnaps ein. Sie sah noch älter und eingefallener aus als sonst. Obwohl sie mir leid tat und ich sie gerne irgendwie getröstet hätte, fühlte ich mich doch so unwohl in ihrer Gegenwart, daß ich sie unter dem erstbesten Vorwand, der mir in den Sinn kam, verließ.

Die Gürtelrose verschwindet

Am nächsten Tag ging ich zu meiner zweiten Behandlung zu ihr, und sie folgte genau demselben Ritual. Aber dieses Mal erlebte ich es ganz anders. Denn sobald sie mit ihren Beschwörungen begonnen hatte, fing meine Haut ganz fürchterlich an zu jucken, und gegen Ende der Behandlung war mir, als stünde mein ganzer Rücken in Flammen.

Am dritten Tag fing meine Haut schon in dem Augenblick an zu brennen, als ich ihre Wohnung betrat, und während der ganzen Behandlung juckte es fürchterlich. Hinterher sagte sie ruhig und selbstsicher, daß jetzt alles in Ordnung sei. Ich stellte mich vor einen Spiegel und drehte mich so, daß ich meinen Rücken sehen konnte.

Ich traute meinen Augen nicht: Wo sich vorher häßliche rote Geschwülste ausgebreitet hatten, war nun ein Streifen neuer rosiger Haut zu sehen. Am nächsten Tag sahen die Stellen genau so aus wie vorher, vielleicht sogar besser.

Obwohl meine Großmutter schon als junge Frau für ihre Gabe bekannt gewesen war, hat sie doch ihr Leben lang niemals Geld für eine Heilung verlangt. Sie glaubte fest daran, daß ihr diese Kraft geschenkt worden war, um das Leiden anderer Menschen zu lindern und nicht, um sich daran zu bereichern.

Da sie die „Kraft" nun einmal besaß, sah sie es als ihre Verpflichtung an, sie selbstlos mit anderen Menschen zu teilen. Doch sie wurde immer wieder enttäuscht, denn oft vergaßen die Leute einfach, daß sie von ihr geheilt worden waren. Viele nahmen ihre Hilfe als selbstverständlich hin, anderen – wie mir – wurde sie einfach unheimlich.

Ein Leben im Dienste der Nächstenliebe

Omis Leben war anderen Menschen gewidmet. Sie half ihren Kindern und Enkelkindern, ihrer weiteren Familie und Freunden ebenso wie Nachbarn, flüchtigen Bekannten und Menschen, die sie überhaupt nicht kannte. Ich hörte nie, daß sie sich über ihr schweres Leben beklagt hätte, obwohl mir ihr Leben unerträglich hart zu sein schien. Weil sie sich in Verbindung mit einer höheren Macht wußte, war es ihr möglich, immer wieder neue Kraft zu schöpfen und alle Schwierigkeiten und alle Schmerzen geduldig zu ertragen.

Sie gab und gab und es fiel ihr schwer, selbst etwas anzunehmen und es für sich zu behalten. Was sie aber immer bereitwillig annahm, das waren die Krankheiten und Probleme, die sie aus den Körpern anderer Menschen austrieb und in ihren eigenen Körper aufnahm. Sie wußte einfach nicht, wie sie die negativen stagnierenden Energien wieder loswerden sollte. Sie, die so vielen half, konnte sich selbst am Ende nicht helfen.

Wahrscheinlich verstand sie es nicht, während der Heilungen vollkommen beiseite zu treten und die Kraft einfach durch sich hindurchfließen zu lassen. Zu stark war ihr Bedürfnis, den Menschen zu helfen und ihr Leiden stellvertretend für sie zu ertragen. Zu stark war ihr Wille, die Heilung anderer ohne Rücksicht auf sich selbst zu erzwingen. Und in diese Falle sollte auch ich Jahre später tappen.

Langsam siechte meine Großmutter dahin. Sie, die so viele geheilt hatte, die von der Schulmedizin aufgegeben worden waren, wandte sich nun an diese Ärzte um Hilfe. Diese versuchten ihr Bestes: Strahlenbehandlung, Chemotherapie und eine Operation nach der anderen. Doch nichts half. Der Krebs hatte sich bereits über den ganzen Körper ausgebreitet und war nicht mehr aufzuhalten. So mußte sie mit ansehen, wie ihr Körper langsam von innen her verrottete, und sie hatte nicht mehr genügend Kraft, dem etwas entgegenzusetzen. Zum Schluß blieben ihr nur noch schmerzstillende Mittel.

Ich hatte denselben Fehler gemacht, den auch sie begangen hatte. Statt uns selbst als bloße Kanäle zu sehen, durch die die kosmischen Energien in den Körper des anderen Menschen fließen können, hatten wir die Krankheiten der anderen Menschen in uns aufgesogen. Ich wollte nicht so enden wie meine Großmutter und suchte eine Methode, mit der ich Menschen helfen konnte und die gleichzeitig auch mir helfen würde. Ich sollte sie im kalifornischen Oakland finden – ausgerechnet bei einem kurdischen Teppichhändler.

Die Weisheit eines kurdischen Teppichhändlers

Beim morgendlichen Stockkampftraining hatte ich mir eines Tages einen Lendenwirbel im unteren Rücken ausgerenkt und benötigte dringend die Hilfe eines Chiropraktikers, um den Wirbel wieder in seine ursprüngliche Lage zu bringen. Da wir für diese Behandlung kein Geld hatten, gaben wir in einem der lokalen Blätter, dem *Berkeley Express*, eine Anzeige auf: „Tausche Töpferwaren gegen chiropraktische Behandlung".

Das mag sich zwar ungewöhnlich anhören, ist aber für eine kleine Universitätsstadt wie Berkeley, in der 1968 die Zeit auf geheimnisvolle Weise stehengeblieben zu sein schien und in der viele ehemalige Hippies und Alternative aller Art leben, durchaus normal. Meine Frau Su Ling arbeitete als Töpferin und so hatten wir eine Unmenge von Tellern, Tassen, Schüsseln und Teekannen zu Hause. Was uns aber fehlte, war Geld. Sie arbeitete zwar abends noch zusätzlich als Kellnerin in einem japanischen Restaurant und ich morgens als Bäcker und nachmittags als Schuhverkäufer, aber da alle diese Jobs schlecht bezahlt wurden und wir keine Krankenversicherung hatten, waren wir nicht in der Lage, das für die teuren chiropraktischen Behandlungen nötige Geld aufzubringen.

„Tausche Geschirr gegen Chiropraktik"

Als mich schon am nächsten Tag ein Mann anrief, der sich als Jon vor-
stellte und sagte, er wäre Chiropraktiker und würde gerne seine
Dienste gegen unser Geschirr tauschen, war ich erleichtert. Wir ver-
abredeten uns, er behandelte mich, die Rückenschmerzen ver-
schwanden nach wenigen Behandlungen, er bekam sein Geschirr
und alle waren zufrieden. Aber mit dieser Anzeige wurde eine Kette
von Ereignissen in Gang gesetzt, die ich nicht hatte vorhersehen können und die mein ganzes Leben tiefgreifend verändern sollte.

Ich hatte in Honolulu bereits verschiedene chiropraktische
Behandlungen bekommen, die ich als unnötig abrupt, ja teilweise
sogar als brutal empfand. Und so war ich erstaunt, wie sanft Jon an
meinem Rücken arbeitete und wie effektiv die Behandlungen dennoch waren. Als ich ihn nach einer Sitzung nach seiner Methode
fragte, geriet er etwas ins Stottern: „Also, weißt du, eigentlich habe
ich bei dir gar keine klassische Chiropraktik angewendet. Ich halte
nämlich nicht mehr so viel davon. Bei dir habe ich Briema
gemacht."

Briema. Ich hatte das Wort noch nie gehört und hatte keine
Ahnung, was das sein sollte. Allerdings wußte ich ja bereits aus eigener Erfahrung, daß es funktionierte – was immer sich auch hinter
dem nichtssagenden Namen verbergen mochte. Dort, wo der klassische Chiropraktiker die Wirbel durch ruckartige Manipulationen
zurück an ihren Platz zwingt, hatte Jon mich gestreckt, geschaukelt
und gewogen, bis sich der Wirbel von selbst wieder an seinen ange-
stammten Platz rückte. Die Chiropraktiker, die ich bisher erlebt hatte, behandelten lediglich die Symptome, beseitigten aber nicht die
Ursachen einer Wirbelverschiebung, da sie nicht an den chronisch
verspannten und unterschiedlich entwickelten Muskeln gearbeitet
hatten, die die Wirbel immer wieder aus ihrer Position zogen. Die
chiropraktischen Behandlungen hatten zwar meistens kurzfristig
geholfen und beseitigten die Schmerzen vorübergehend; langfristig
wurde ich aber von immer neuen Behandlungen abhängig.

Jon versuchte, mir den Unterschied zwischen seiner Methode und der klassischen Chiropraktik so zu erklären:

„Die meisten Chiropraktiker – und übrigens auch viele andere Körpertherapeuten – sehen den Menschen als mechanisches Gebilde an, ähnlich einem Bauwerk, bei dem lediglich die Pfeiler geradegerückt werden müssen, damit die Mauern nicht einstürzen. Wir hingegen sehen den Körper als Energiesystem, als einen gewachsenen, sich selbst regulierenden Organismus, der sehr wohl in der Lage ist, sich selbst zu heilen. Der menschliche Körper ist sogar ungewöhnlich leicht zu heilen, da er sich im Laufe der Evolution immer mehr verfeinert hat und eine große Weisheit besitzt."

Die instinktive Weisheit des Körpers

Jon strich sich die schwarzen Locken aus der Stirn und fuhr fort:

„Jeder lebende Organismus besitzt diese instinktive Weisheit – also auch der menschliche Körper. Aber nur wenn wir ihr nicht mit unseren theoretischen Konzepten und Ideen im Wege stehen und ihr erlauben, sich ungehindert zu manifestieren, kann sie den Körper gesund und stark erhalten. Für uns ist Krankheit nicht etwas, das eine eigene Substanz besitzt, sondern lediglich die Bezeichnung für eine vorübergehende Schwächung des Flusses der Lebensenergie. Deshalb bekämpfen wir auch keine speziellen Krankheitssymptome, sondern stärken einfach die natürlichen Lebensenergie. Die weiß dann schon, wohin sie fließen muß, um den Körper wieder ins Gleichgewicht zu bringen."

„Und wie geht es dir hinterher? Macht dich eine solche Behandlung nicht kaputt?" fragte ich ihn. „Ich kann am Tag höchstens drei Personen massieren, dann bin ich völlig erschöpft und kann nicht mehr."

Er lachte: „Genauso ging es mir früher mit der klassischen Chiropraktik. Ich war abends völlig kaputt, obwohl ich eigentlich gar nicht viel gemacht hatte. Heute behandele ich bis zu zwanzig Klienten am Tag und fühle mich abends erfrischt und fit."

„Und das muß ich auch sein", fügte er hinzu und verdrehte die Augen, „denn abends gehe ich noch in das Zentrum meines Lehrers, um zu lernen, zu lernen und nochmals zu lernen. Ich weiß nämlich nicht, wie lange er noch da sein wird. Mein Lehrer ist ein geheimnisvoller Mann, der manchmal wochenlang spurlos verschwindet. Bevor er eines Tages gar nicht mehr wiederkommt, möchte ich so viel wie möglich von ihm lernen."

„Aber wie machst du es, daß dich die Behandlungen nicht anstrengen? Hast du einen besonderen Trick?"

Jon lachte: „Es ist eigentlich kein Trick, sondern eine bestimmte Einstellung und eine besondere Technik, die es mir ermöglichen, nach jeder Behandlung mehr Energie zu haben als vorher. Ich setze niemals Muskelkraft ein, sondern immer den ganzen Körper. Wenn es sich für dich während der Behandlung so angefühlt hat, als drückte ich auf eine bestimmte Stelle, habe ich mich in Wirklichkeit nur mit meinem Körpergewicht in dich hineingelehnt. Indem ich den ganzen Körper benutze, kann jede meiner Zellen an allen Bewegungen und an jedem Atemzug teilnehmen. So kann ich mich ganz natürlich, entspannt und ohne jede Anstrengung bewegen. Würde ich pure Muskelkraft anwenden, würde ich mich schon bald verspannen und wäre abends erschöpft. Aber so ..."

Er grinste mich an und zuckte mit den Schultern.

Vertrauen statt Angst

Ich ließ nicht locker, denn die Methode und die dahinter stehende Philosophie faszinierten mich.

„Was passiert, wenn sich jemand nicht entspannen kann und dir Widerstand entgegensetzt? Wie gehst du damit um?"

Jon dachte einen Augenblick lang nach, bevor er antwortete.

„Das kommt in meiner Praxis natürlich häufig vor. Viele meiner Klienten können sich erst nach einigen Sitzungen entspannen. Schließlich kommen Menschen zu mir, die in schwere Unfälle verwickelt waren oder seit Jahren unter chronischen Schmerzen leiden. Aber ich arbeite immer nur in dem Maß, in dem der andere Körper es mir erlaubt. Ich würde einen anderen Körper niemals in einer für ihn bedrohlichen oder gar schmerzhaften Weise bewegen, sondern gehe immer nur so weit, wie es meine eigene Gelenkigkeit und die meines Partner erlaubten. Das gibt dem Partner ein instinktives Vertrauen in mich und macht die Behandlung für uns beide beglückend und wohltuend."

„Wieso sagst du eigentlich immer Partner und nicht Patient?" hakte ich nach.

„Da wir ja beide von der Behandlung profitieren, sind wir auch Partner. Obwohl der Klient passiv auf dem Boden liegt, findet doch ein ständiger Energieaustausch statt, der uns beiden guttut. Da wäre es nicht angebracht, von Patient und Arzt zu sprechen. Das Wort Partner trifft mehr den Kern der Sache."

Jon erzählte weiter, daß er vor ein paar Jahren gleich nach dem Abschluß seiner Chiropraktikerausbildung angefangen hatte, diese Methode von einem Kurden namens Manoutsch zu lernen, der ein paar Straßen weiter ein kleines Teppichgeschäft hatte, in dem er einige Schüler unterrichtete.

Ich war von Jons Geschichte und von dieser für mich neuen Methode fasziniert. Seine Bewegungen waren so leicht, so entspannt, so rhythmisch, und er schien nach der Behandlung tatsächlich mehr Energie zu haben als vorher. Seine Berührungen waren völlig natürlich und so sicher, daß mein Körper gar nicht anders konnte, als sich ihm willig hinzugeben. Als er mich einlud, am nächsten Dienstagabend mit ihm zu kommen, um seinen Lehrer Manoutsch kennenzulernen, willigte ich sofort ein.

Ein ungewöhnlicher Lehrer

Manoutsch war kein Lehrer wie ich ihn bisher kennengelernt hatte. Er lehrte nicht in logischen Reihenfolgen oder nach einem vorher festgelegten Plan, sondern tat einfach spontan das, was ihm gerade einfiel. Und das stand oft im Widerspruch zu dem, was er uns gerade am Tag zuvor gezeigt hatte. Für viele der Schüler war er ein bewundertes Vorbild, ein Guru, dem sie ihr ganzes Leben anvertrauten. Er bestimmte, wann und als was sie in seinem Geschäft arbeiten sollten; er entschied, wann sie aufstehen mußten und wieviel sie verdienen sollten.

Mit seinem 1,90 Meter und seinem massigen Körperbau war er eine beeindruckende Figur, die mich an einen Bären erinnerte. Und brummig wie ein Bär konnte er auch werden, wenn ihm etwas nicht paßte. Er lächelte ohne ersichtlichen Grund und wurde aus ebenso unerfindlichen Gründen plötzlich wütend. Wir konnten uns bei ihm immer nur auf eines verlassen, nämlich, daß wir uns niemals auf ihn verlassen konnten.

Aber niemand hätte sich laut beklagt. Sah er aber in unseren Augen doch einmal so etwas wie stummes Protestieren, sprang er auf und rief: „Was wollt ihr? Das Leben ist ungewiß. Es gibt keine Sicherheit. Wenn ihr Sicherheit wollt, arbeitet für den Staat, oder bringt euch besser gleich um. Ich helfe euch, frei zu werden. Und wer frei sein will, der muß auch etwas riskieren wollen. Ich brauche mutige Menschen, keine ängstlichen Kleingeister. Wenn ihr keinen Mut habt, verschwendet ihr meine Zeit – und eure auch!"

Der Unterschied zwischen Erleben und Zuschauen

Manoutsch war für mich kein Guru, aber ein begnadeter Lehrer mit allen menschlichen Schwächen und Fehlern, der im Bereich der Körperarbeit einen instinktiven Genius besaß, wie ich ihn bisher noch nicht erlebt hatte. Seine Selbstsicherheit war legendär. Er, der über zweihundert Pfund wog, sprang mit einem Satz auf den Bauch einer nur hundert Pfund schweren Schülerin und stand auf ihr so sicher wie auf dem Boden. Mir blieb der Atem weg, sie aber lächelte selig.

Als Manoutsch mein Entsetzen sah, lachte er über das ganze Gesicht. „Ist es nicht faszinierend, daß der Körper, auf dem ich stehe, mein Gewicht genießt, während dein Verstand in Panik gerät? Auf wem lastet denn jetzt das größere Gewicht? Auf ihr oder auf dir?"

Mit einem erneuten Satz sprang er vom Bauch wieder auf den Teppich zurück, verbeugte sich vor der am Boden Liegenden und setzte sich mit gekreuzten Beinen hin. Während Janet aufstand und sich vor ihm verbeugte, strich er sich durch den schwarzen Bart.

„Wie war es, Janet? Hat es weh getan?"

Sie schüttelte nur stumm den Kopf.

„Warum sollte es auch? Ich wende schließlich keine Gewalt an, sondern gebe dem Körper einfach das, was er braucht", erläuterte Manoutsch weiter. „Unsere Körper sehnen sich nach Berührung. Sie sehnen sich danach, so angenommen zu werden wie sie sind. Der menschliche Körper ist nicht zerbrechlich. Er ist ungeheuer stark. Sollten wir diese Stärke nicht respektieren und sie ehren?"

„Ich bewege mich immer auf ganz natürliche Weise. Ich bemühe mich nicht, jemanden zu verändern oder gar zu verbessern. Ich suche nicht nach Verspannungen oder gar nach 'Fehlern', wenn ich mit jemandem arbeite. Ich nehme ihn oder sie einfach so an, wie sie gerade sind. Verändern tun sie sich schon selbst, wenn die Zeit dafür gekommen ist."

Er sprang wieder auf und lief einen Augenblick lang wie ein hungriger Bär im Raum herum, bevor er sich setzte. Nachdem er uns eine Weile stumm angeschaut hatte, fuhr er fort:

„Jedes Kritisieren eines anderen Körpers ist doch im Grunde schon Gewaltanwendung, jedes Beurteilen tut dem anderen Menschen unrecht. Ihr habt gesehen, was ich getan habe, und euer Verstand hat darauf mit Angst reagiert. Janet hat nichts gesehen, also konnte sie auch keine Angst bekommen. Ihr Körper hat mich willkommen geheißen, sonst wäre ich niemals auf ihn gesprungen. Mein Körper paßt sich ihrem an, meine Hände gehen dorthin, wo ihr Körper sie haben möchte. Ich tue gar nichts. Ich folge einfach nur der Energie."

Nasruddhin, der heilige Narr

Ich war noch nicht überzeugt und sagte es ihm auch. Janets Bauch mochte es vielleicht gutgehen, aber mein Bauch tat mir weh.

Manoutsch seufzte: „Ich will euch eine Geschichte erzählen."

Dann wandte er sich mir zu: „Besonders dir, Manfred."

„Vor langer, langer Zeit lebte in Persien ein Mann, den einige für einen Heiligen, andere hingegen für einen Idioten hielten. Die Wahrheit liegt wahrscheinlich irgendwo dazwischen. Sein Name war Nasruddhin. Er war bekannt dafür, daß er andere zum Narren hielt, um ihnen den Weg zur höchsten Erkenntnis zu zeigen.

Also: Eines Tages hatte sich ein Mann, der sich für äußerst klug hielt, mit Nasruddhin gestritten. Er hatte behauptet, er wisse alles über die Menschen, über Gott und die Welt, denn er habe alle Bücher in der großen Bibliothek von Bagdad gelesen. Nasruddhin war nicht besonders an Büchern interessiert, vielleicht konnte er nicht einmal lesen. Ihn interessierte die unmittelbare Erfahrung der Welt, der direkte Kontakt mit seinem inneren Selbst und mit Gott. Er wollte nicht über Gott reden, sondern ihn in sich erfahren. Der Gelehrte suchte Gott in Büchern, Nasruddhin hatte ihn in seinem eigenen Herzen erfahren. Also beschloß er, das festgefügte Weltbild des Gelehrten ein wenig ins Wanken zu bringen."

Am Abend sah Nasruddhin den Gelehrten die Straße hinuntergehen. Er beschloß, ihm eine Lehre zu erteilen. Er hockte sich unter eine Laterne und kroch auf dem Boden herum. Der Gelehrte näherte sich, begrüßte ihn und fragte ihn stirnrunzelnd, was er denn da mache. Nasruddhin setzte sich auf, kratzte sich an seinem Bart und seufzte: 'Ich suche meinen Schlüssel.'

Der Gelehrte bot sich an, ihm zu helfen und kroch ebenfalls auf dem Boden herum. Nach einer Weile wurde er allerdings ungeduldig und fragte: 'Bist du dir überhaupt sicher, daß du ihn hier verloren hast?'

Nasruddhin kratzte sich wieder am Bart und antwortete langsam und zögernd: 'Nein, ich glaube, ich habe ihn dort drüben verloren.' Er zeigte auf eine Stelle im Gebüsch, die im Dunkeln lag.

Wütend rief der Gelehrte aus: 'Du Idiot, warum suchst du dann nicht dort drüben?'

Nasruddhin lächelte schlau und erwiderte: 'Weil es mir dort zu dunkel ist, mein Freund!'"

Wir schüttelten uns vor Lachen. Nur Manoutsch lachte nicht.

„Der Gelehrte wollte nicht Erkenntnis, er wollte Sicherheit. Er war nicht wirklich bereit, die Wahrheit im Unbekannten, im Dunkeln zu suchen. Er wollte im Licht seines eigenen begrenzten Wissens bleiben und nur dort nach der Wahrheit suchen. Und das wollte Nasruddhin ihm mit seiner Torheit zeigen."

Er sah uns wieder der Reihe nach an. „Und genauso seid ihr. Ihr seid nur bereit, die Wahrheit dort zu sehen, wo sie in euer Konzept paßt. Ins Dunkel schaut ihr nicht, ihr wollt in der Sicherheit eures alten Wissens bleiben und nichts Neues wahrnehmen. Und besonders die, die schon so viel gelernt haben, sind nicht bereit, das früher Gelernte in Frage zu stellen und sich die Dinge, die ich zeige, vorurteilsfrei anzuschauen und anzunehmen."

Das war eindeutig auf mich gemünzt.

Am Anfang echten Lernens steht das Verlernen

Mir war nun klar, daß ich all das, was ich bereits gelernt hatte, zunächst einmal würde verlernen müssen, bevor ich wirklich verstehen konnte, was Manoutsch zu lehren hatte.

Bisher war jede mir bekannte Methode von der Trennung der beiden Beteiligten ausgegangen. Der eine war krank und brauchte Hilfe, der andere war gesund und bot Hilfe an. Der eine war passiv, der andere aktiv. Der eine wußte nichts über sich selbst, der andere wußte alles über ihn. Der eine gab die Verantwortung für seinen eigenen Körper und sein eigenes Leben auf, der andere übernahm sie. Das traf sowohl für die klassische Massage als auch für die Esalen-Metho-

de zu und galt für Reiki ebenso wie für Jin Shin Do oder die Reflexzonentherapie.

Aber wie kann ein Mensch wissen, was für einen anderen gut ist?
Wie kann ein Mensch wissen, welchem Plan das Leben eines anderen
folgt? Wie kann sich ein Mensch mit seinem immer begrenzten Wissen anmaßen, die instinktive Weisheit eines anderen Körpers zu
ignorieren?

Ein Grund für die überraschende Wirksamkeit der Methode, die ich
von Manoutsch lernte, war die urteilsfreie Einstellung des Übenden,
der sich nicht als vom Partner getrennt empfindet. In der Abwesenheit
jeglichen Be- und Verurteilens wird die Welt nicht mehr in gut und
schlecht, in Glück und Unglück, in Vorlieben und Abneigungen ein-
geteilt. Jeder Moment wird einfach nur erlebt, jeder Mensch als eine
Ausdrucksform des Lebens akzeptiert und unterstützt.

Statt sich mit den jeweiligen Erscheinungsformen einer Krankheit,
einer Unausgeglichenheit oder Schwächung der Lebensenergie zu
beschäftigen und sich im Kurieren von Symptomen zu verlieren,
strebt diese Methode danach, den ganzen Körper zu vitalisieren. Das
Ziel der Übungen ist es, alles zu unterstützen, was den harmonischen
und kraftvollen Fluß der Lebensenergie fördert.

Der aktive Partner geht hier nicht die gesundheitlichen Probleme
des anderen an und versucht auch nicht, diesen zu heilen. Er akzeptiert sich selbst und den anderen so, wie sie beide im gegenwärtigen
Augenblick sind und tut dies in dem Wissen, daß sich beide Körper
in ständiger Veränderung befinden und immer nach Harmonie und
nach Ausgleich streben.

Manoutsch war überzeugt davon, daß niemand einen anderen
Menschen wirklich heilen kann, sondern daß wir nur die in uns selbst
und allen anderen Lebewesen vorhandene Lebensenergie und die
Selbstheilungskräfte eines jeden Körpers unterstützen können. Er
war auch zutiefst davon überzeugt, daß niemand einen anderen Men-
schen vollkommen kennen kann und daß die einzige wirkliche
Kenntnis nur die des eigenen Körpers und darauf basierend die
Erkenntnis des eigenen Selbst sein kann.

Körper, Verstand und Gefühle

Die Methode, die Manoutsch als Kind und Jugendlicher in der Folge vieler Generationen in Briemava gelernt hatte, war ja ursprünglich nicht als Heilkunst entwickelt worden; die heilende Wirkung stellte sich vielmehr als Nebenprodukt des eigentlichen Sinnes dar. Dieser bestand lediglich darin, ein Gleichgewicht zwischen Körper, Verstand und Gefühlen zu finden und diese Harmonie dazu zu nutzen, so vollkommen und so intensiv wie möglich zu leben und tief aus der Quelle des Lebens zu trinken.

So bestand das weitergehende Ziel seiner Lehre, die er uns durch Partnerübungen und Vorträge zu vermitteln suchte, darin, durch ständiges Üben und durch die unmittelbare Erfahrung des eigenen Körpers die angestrebte Vereinigung von Körper, Geist und Gefühlen zu erleben. Manoutsch betonte die direkte körperliche Erfahrung deshalb immer wieder so sehr, weil nur der Körper ständig in der Gegenwart lebt. Während der Verstand sich überwiegend mit der Zukunft beschäftigt, die noch nicht eingetreten ist, und die Gefühle sich noch an die Vergangenheit klammern, die schon geschehen ist, hat der Körper keine andere Wahl, als in der Gegenwart zu leben. Da ihm das bunte Reich der Phantasie verschlossen ist, ihm die Welt der unmittelbaren Erfahrung aber weit offen steht, ist der Körper unsere einzige Möglichkeit, tief in das Erleben der Gegenwart einzutauchen.

Meistens nehmen wir unsere Welt nicht unmittelbar – also durch die Sinnesorgane – wahr, sondern über den Umweg über den Verstand, der das jetzt Erlebte mit früheren Erfahrungen vergleicht, zuordnet und es in bekannte Kategorien einordnet. So erleben wir eine Massage meistens nicht direkt in dem Bereich, der gerade massiert wird, sondern in gedanklicher Form: „Das tut aber gut. Aah, wie entspannend! Das sollte ich wirklich viel öfter machen. Warum gönne ich mir das eigentlich nicht häufiger? Was macht er denn jetzt? Das tut aber weh. Was habe ich denn da gemacht? Warum bin ich so verspannt?"

Im Laufe einer Sitzung schießen Tausende von Gedanken durch unseren Kopf, die uns daran hindern, die Berührung des eigenen Körpers durch einen anderen auf der zellulären Ebene wahrzunehmen und zu genießen.

Beide Partner profitieren

Da bei dieser Methode die Konzentration des aktiven Partners auf dem eigenen Körpererlebnis liegt, erschöpft ihn die Übung nicht, selbst wenn er mit mehreren Partnern hintereinander arbeitet. Im Gegenteil, er profitiert mit jeder Übung mehr und erlangt innere Ausgeglichenheit, erhöhte Gelenkigkeit und Gewandtheit, einen Zuwachs an Kraft und bessere Koordination der verschiedenen Körperteile, gesteigerte Lebenskraft; und seine Anspannung vermindert sich.

Dieses Lebensgefühl teilt er dem passiven Partner durch seine Berührung unmittelbar, ohne den Umweg über den Verstand, mit. Wie die Übung auf den passiven Partner wirkt, kann der aktive durch die Wirkung auf seinen eigenen Körper erfahren, denn die Grenzen zwischen den beiden Körpern verschwimmen mehr und mehr, der Atemrhythmus gleicht sich einander an, bis er eins wird.

Manoutsch erklärte es so:

„Normalerweise seht ihr euch als einen Körper, der vom Rest der Welt getrennt ist. Und so geht ihr auch an eine Massage heran. Aber wenn ihr euch ganz natürlich bewegt, dann seid ihr nicht mehr in zwei voneinander isolierten Körpern gefangen, sondern nehmt teil am ewigen Hin- und Herfließen der unerschöpflichen Lebensenergie."

Die Kunst, auf natürliche Weise zu berühren

Als ich eines Tages einer Mitschülerin, die unter Migräne litt, ganz sanft über die Stirn strich, kam Manoutsch zu mir herüber und fragte mit ungläubigem Gesicht:

„Was soll denn das nun wieder sein? Wieso streichelst du sie denn so vorsichtig? Ist sie aus Glas, daß sie nicht berührt werden darf? Hast du Angst, sie könnte zerbrechen?"

Ich hatte alle möglichen Erklärungen parat, doch bevor ich auch nur ansetzen konnte, fuhr Manoutsch mir schon über den Mund: „Papperlapapp! Was du machst, ist keine natürliche Berührung. Du bewertest deine Partnerin. Du denkst: 'Das kann ich machen, das kann ich nicht machen'. Schau her: *Das* ist eine natürliche Berührung."

Sprachs und stellte einen Fuß auf ihre Stirn, lehnte sich nach vorne und stützte beide Hände auf seinem Knie ab.

„Aah, das tut uns beiden gut!"

Ich traute meinen Augen nicht und protestierte schwach: „Aber sie hat Migräne. Deshalb wollte ich sie ganz vorsichtig anfassen."

„Aber du hast dabei gedacht und deinem Körper vorgeschrieben, was er zu tun hat. Sieh mal, mein Körper paßt sich immer dem an, was er berührt. Dabei ist es ganz gleich, ob es die Hand, der Fuß, das Knie oder der Ellenbogen ist, der den Kontakt herstellt. Ich berühre den anderen Menschen so, als ob ich mich selber berühren würde oder den Boden. Weil ich völlig entspannt bin, weiß mein Körper immer, wie weit er gehen kann. Und das weiß er besser, als es mein Verstand jemals könnte."

Acht Monate in einem Aids-Zentrum

Schon ein paar Monate nachdem ich begonnen hatte, mit Manoutsch zu studieren, bot Jon mir in seiner Praxis eine Stelle als Körpertherapeut an. Natürlich hatte er Manoutsch vorher um Erlaubnis fragen müssen, und dieser hatte nach anfänglichem Zögern zugestimmt. Seither arbeitete ich jeden Tag mit etwa zwanzig Klienten und hatte reichlich Gelegenheit, das in den Klassen gelernte in die Praxis umzusetzen. Ich hätte nie gedacht, daß ich tatsächlich in der Lage sein würde, mit dermaßen vielen Menschen zu arbeiten, ohne hinterher völlig erschöpft zu sein. Aber genau das war der Fall.

Und noch etwas anderes war mir wichtig: Ich ließ mich nicht mehr wie früher in die Probleme meiner Klienten hineinziehen. Solange ich sie behandelte, war ich völlig für sie da, aber sobald sie gegangen waren, konnte ich die Gedanken an sie loslassen und dem Nächsten meine volle Aufmerksamkeit schenken. Und die Klienten ihrerseits respektierten, daß auch ich ein Privatleben hatte, in das ich mich abends zurückzog. In Hawaii hatten mich meine Klienten oft noch um Mitternacht aus dem Bett geklingelt, weil sie irgendein körperliches oder emotionales Problem hatten, das ich für sie lösen sollte.

Eines Tages las ich im *Berkeley Express*, daß ein Aids-Zentrum mit dem schlichten Namen „The Center" ehrenamtliche Helfer suchte, die Essen an Aids-Kranke austeilten, ihnen bei Behördengängen und Arztbesuchen halfen und sie massierten. Ich rief sofort an, machte einen Termin aus und nach einem längeren Vorstellungsgespräch, bei dem ich meine Beweggründe ausführlich darlegen mußte, wurde ich als Helfer angenommen. Ich kannte bisher keine Menschen mit Aids und hatte deshalb auch keine Ahnung, was mich im Zentrum erwarten würde. Ich wußte nur, daß ich helfen wollte.

Und dann lernte ich Tyrone kennen.

Ein Licht in der Dunkelheit

Bereits am ersten Tag im Zentrum war ich Tyrone begegnet. Es war nun etwa acht Monate später, und wir hatten uns wie jeden Dienstag um zehn Uhr morgens verabredet. Bisher war Tyrone immer pünktlich gewesen, denn er liebte die Behandlungen, die ich ihm gab. Wenn wir uns unter normalen Umständen an einem normalen Ort kennengelernt hätten, wäre ich nicht besorgt wegen seiner Verspätung und hätte angenommen, daß er den Termin einfach vergessen oder den Bus verpaßt hatte oder daß er von der Polizei angehalten worden war, weil er mit seinem schwarzen Trainingsanzug mit Kapuze, Joggingschuhen und Goldkettchen perfekt in das stereotype Polizeibild eines Drogendealers paßte.

Ich versuchte mich zu beruhigen. Vielleicht hatte Tyrone unseren Termin tatsächlich einfach nur vergessen. Aber eigentlich hatte er seine Behandlungen noch nie verpaßt. Und wenn er sich doch einmal verspätet hatte, hatte er wenigstens angerufen.

Als wir uns kennenlernten, wußte er schon, daß er bald sterben würde. Aber ich wußte noch nicht, was es bedeutete, einen Freund zu haben, der bald an Aids sterben würde. Ich konnte nicht anders, als ihn zu bewundern, denn obwohl er selbst sterbenskrank war, hatte er für jeden im Zentrum ein Lächeln und half all jenen, denen es noch schlechter ging als ihm selbst. Dabei war es ganz gleich, ob jemand Hilfe brauchte, um eines dieser mehrseitigen Formulare auszufüllen, mit denen man finanzielle oder medizinische Unterstützung beantragen konnte, oder ob ein Freiwilliger zum Abwaschen gesucht wurde. Er war der erste, der sich meldete, wenn es darum ging, eine Frau zu trösten, die gerade erfahren hatte, daß der Aids-

Test ihres Baby positiv ausgefallen war, oder wenn ein schwarzer Anzug für eine Beerdigung gefunden werden mußte. Wenn er im Zentrum war, beklagte er sich nie, sondern strahlte und brachte andere zum Strahlen – auch mich. Er war wie ein Licht in der Dunkelheit, das andere an ihr eigenes Licht erinnerte.

Ein Morgen im Aids-Zentrum

Früher hieß die endlos lange Straße, in der sich das Zentrum befindet, einfach Grove Street. Hier am Rand von Berkeley wohnten Arbeiter und kleine Angestellte, es gab ein paar Läden und in den Vorgärten blühten Geranien und Tulpen. Eigentlich war es eine hübsche und ruhige Gegend, in der man ganz gut leben konnte. Dann wurde die oberirdische S-Bahn nach San Francisco gebaut und ein paar Freeways direkt über der Straße hochgezogen. Da war es aus mit der Wohnbarkeit. Diejenigen, die es sich leisten konnten, zogen fort. Viele Häuser verfielen, Drogen, Prostitution und Kriminalität zogen ein; die Menschen gaben die Hoffnung auf, und die Straße wurde eines Tages mit großem Pomp und noch größerem Anspruch in Martin Luther King Junior Way umbenannt, um ein positives Signal zu setzen. Genützt hatte es leider nichts, und die Gegend verkam weiter.

Im Zentrum war an jenem Tag noch alles ruhig. Während ich auf Tyrone wartete und mir Sorgen machte, trank ich erst einmal eine Tasse Tee mit Charlene. Sie war in jeder Hinsicht gewaltig und wurde von allen im Zentrum geliebt. Für viele war Charlene wie eine Mutter, bei der sich alle ausweinen konnten. Sie kam mir oft vor wie ein Felsen in der Brandung – wie ein besonders großer Felsen, denn Charlene wog mindestens 250 Pfund, wovon ihr Herz wahrscheinlich mindestens die Hälfte gewogen haben muß, weil es so groß war und alles in ihm Platz hatte.

Sie war nicht besonders subtil und nahm auch keine Rücksicht auf überempfindliche Klienten oder Helfer, aber sie war dennoch beliebt, und ihre Methoden hatten Erfolg. Ich bewunderte, wie sie ihren Job machte. Offiziell war Charlene die Tagesmanagerin, die sich um alles kümmern sollte, was im Zentrum vor sich ging. Inoffiziell war sie eher unsere Hausheilige.

Während wir unseren Tee tranken, füllte sich das Zentrum allmählich. Die ersten ehrenamtlichen Helfer waren gekommen und bereiteten die Küche und den Eßraum vor; der Fahrer des besten Restaurants der Stadt stand vor der Tür und brachte die Reste vom vergangenen Tag, aus denen unsere ehrenamtlichen Köche dann schmackhafte Mahlzeiten für fünfzig Personen zubereiteten. Auch einige „Klienten" waren schon gekommen und hatten sich im Wohnzimmer vor den Fernseher gesetzt. Ich hielt Ausschau nach Tyrone und fragte die anderen nach ihm, aber niemand schien ihn in den letzten Tagen gesehen zu haben.

Die Angst vor Ansteckung

Als ich Tyrone zum ersten Mal begegnet war, hatte ich mich völlig verunsichert gefühlt. Schließlich hatte ich noch nie jemanden massiert, der an Kaposisarkom litt und offene und zum Teil eiternde Wunden hatte. Wir hatten uns zunächst wie über unüberwindliche Abgründe hinweg angeschaut, da wir beide unsicher waren, was der nächste Schritt sein würde. Dann hatte er vorsichtig gelächelt und mir die Hand hingehalten.

Ich hatte nur eine Viertelsekunde lang gezögert, aber in dieser Viertelsekunde waren alle meine Vorurteile und Ängste in meinem Gehirn Amok gelaufen. Doch während ich noch darüber nachdachte, ob ich mich durch einen Händedruck anstecken könnte und mir sämtliche Übertragungstheorien ins Gedächtnis rief, hatte ich meine Hand schon der seinen entgegengestreckt, sie fest umschlossen und es genossen, zu drücken und gedrückt zu werden.

„Du bist bestimmt Tyrone."

Nicht gerade die geistreichste Feststellung, aber immerhin ein Anfang.

„Dann bist du bestimmt Manfred."

Wir mußten beide lachen und dadurch war das Eis zunächst ge-
brochen.

Körperarbeit heißt: „der Körper arbeitet"

Ich überlegte, wie ich ihm meine Art mit ihm zu arbeiten erklären
sollte, denn obwohl ich ihn massieren sollte, würde ich die Prinzipien
anwenden, die ich von Jon und Manoutsch gelernt hatte. Ich mußte
an Manoutsch's Satz denken: „Ich nenne diese Methode nicht deshalb Körperarbeit, weil du an einem anderen Körper arbeitest, sondern weil dein eigener Körper arbeitet."

Also erklärte ich ihm kurz, wie ich arbeiten würde und daß ich
nicht versuchen würde, ihn zu heilen.

Er lachte und meinte:

„Mit der Heilung ist das so eine Sache. Die meisten Leute denken,
Heilung heißt, gesund zu sein und einen reibungslos funktionieren-
den Körper zu haben. Und wenn das nicht klappt, kommen sie sich
gleich wie Versager vor. Als ob es immer nur darum ginge, zu funk-
tionieren! Ich glaube aber, Heilung bedeutet, nicht mehr zu kämp-
fen, Frieden mit sich selbst und der Welt zu schließen und sich dem
Leben hinzugeben – ganz gleich, was es mit einem vorhat. Und das
heißt auch, den Tod als Teil des Lebens zu akzeptieren."

Ich mußte ihn wohl entgeistert angesehen haben, denn derartige
Weisheiten, die sonst nur Zen-Meister, indische Gurus und sonstige
Erleuchtete von sich geben, hatte ich nicht von ihm erwartet.

„Glaube aber bloß nicht, daß du automatisch ein Heiliger wirst,
nur weil du Aids hast. Und glaube auch bloß nicht, daß Kranksein
und Sterben leicht sind. Es ist nichts Glorreiches daran, den eigenen
Körper verfallen zu sehen. Ich habe immer wieder Angst vor dem
Sterben und weine oft nächtelang. Aber es gelingt mir auch immer
wieder, mich zu entspannen und mich dem Leben hinzugeben. Und
dem kommenden Tod", fügte er hinzu.

Dann erzählte er mir, auf welche Weise er berührt werden wollte, nämlich „fest, damit ich es durch meine Muskeln hindurch spüren kann"; was er nicht mochte, nämlich „angefaßt zu werden, als ob ich eine ansteckende Krankheit hätte und die bloße Berührung meines Körpers einem Todesurteil gleichkäme".

Er sagte mir, wo ich ihn berühren durfte, nämlich „überall dort, wo du willst" und wo nicht, „überall dort, wo es dir unangenehm ist".

Vorstellung erschafft Wirklichkeit

Es ist meine Überzeugung, daß es von entscheidender Bedeutung ist, mit welcher Einstellung wir einen anderen Menschen berühren. Wenn wir unseren Partner mit der Vorstellung berühren, es sei etwas nicht mit ihm in Ordnung oder er wäre krank, wird genau diese Vorstellung, die es ja abzubauen gilt, noch verstärkt. Wer glaubt, er sei nicht gut genug, wird sich niemals so akzeptieren können wie er ist. Und wer denkt, er sei krank, der wird tatsächlich krank werden. Alle Signale des Körpers werden vom Gehirn nämlich dann so interpretiert, daß sie in diese Schubladen passen. Wenn dann der Körper die Krankheitssignale vom Gehirn zurückerhält, wird er alles tun, um sich so zu verändern, daß er ihnen genau entspricht. Die Idee, nicht gut genug zu sein, wird einen dazu verleiten, andere Menschen ebenfalls davon zu überzeugen. Die Vorstellung, krank zu sein, kann nur zu leicht zur Ursache einer Krankheit werden.

Tyrone zog sich aus, legte sich auf den Massagetisch, ich goß mir Öl in die Hände, verrieb es, bis es warm wurde und legte meine Handflächen eine Weile auf seinen Rücken, damit er sich an meine Berührung gewöhnen konnte. Dann strich ich über seine Beine und drückte auf seine Arme, knetete seinen Hintern und rotierte seine Gelenke; Tyrone stöhnte, seufzte, grunzte und lachte.

Ich ging ganz auf in dem Berühren eines anderen Körpers, der mir immer vertrauter wurde, der immer mehr dem meinem ähnelte, bis er immer mehr zu meinem eigenen wurde. Tyrone aber ging auf in der Berührung durch mich, im Spüren seines Körpers, in dem Glück, einen Körper zu haben und in dem Schmerz, diesen Körper schon bald verlassen zu müssen.

Die ewige Frage: Warum ICH?

So sehr war ich in der Bewegung und Berührung aufgegangen, daß ich erst nach einiger Zeit bemerkte, daß sein anfangs wohliges Seufzen in ein schmerzerfülltes Stöhnen übergegangen war. Sein Gesicht, das vorher noch so friedlich ausgesehen hatte, war nun vor Angst verzerrt, und er weinte hemmungslos.

Ich fiel sofort aus meiner meditativen Ruhe hinaus und machte mir Vorwürfe, ihn zu fest angefaßt zu haben.

„Habe ich dir weh getan?"

„Nein, nein, es ist sehr angenehm. Mach ruhig weiter."

„Was ist denn los, Tyrone?"

Die bloße Nennung seines Namens löste einen weiteren Tränenschwall aus, er weinte unkontrolliert und krümmte sich auf dem Tisch zusammen wie ein Baby. Ich hörte auf, ihn zu massieren, deckte ihn zu und hielt ihn einfach. Wie einem kleinen Kind streichelte ich ihm über den Kopf. Nach einer Weile hörte er auf zu weinen und richtete sich auf.

„Weißt du, Manfred, es ist so verdammt ungerecht. Warum habe ausgerechnet ich Aids? Kannst du mir das mal sagen? Warum ich, warum bloß ICH?"

Natürlich hatte ich keine Antwort auf diese Frage und schwieg ratlos. Mein Schweigen schien ihn noch wütender zu machen.

„Fällt dir nichts Kluges ein? Warum ich und warum nicht du? Ich will es dir sagen. Weil du weiß bist, und weil ich schwarz bin. Weil euch Weißen immer alles in den Schoß fällt, und weil uns Niggern immer nur der Abfall bleibt, der Schmerz und der Tod. Und dann kommt so einer wie du daher, der ein tolles Leben hat, und spielt sich auch noch als edler Held auf, der uns dummen, armen Niggern hilft. O verdammt, manchmal hasse ich euch Weiße so!"

Er starrte mit tränenüberströmtem Gesicht dumpf vor sich hin, aus seiner Nase lief etwas Rotze. Ich roch den Geruch von Haß und Verzweiflung, von Aufgabe und Tod. Ich konnte nicht mehr klar denken und wäre am liebsten davongelaufen, war aber von seinem plötzlichen Angriff wie gelähmt. In meinem Gehirn überschlugen sich die Gedanken so schnell, daß ich keinen einzigen von ihnen wahrnehmen konnte.

Über alle Abgründe hinweg

Ganz automatisch griff ich in meine Hosentasche, holte ein Taschentuch hervor und wischte Tyrone die Tränen aus dem Gesicht. Dann hielt ich ihm das Taschentuch hin, damit er sich die Nase schnauben konnte. Er starrte mich zuerst fassungslos an, dann geschah irgend etwas in ihm. Erst lief ein Schauer durch seinen Körper, so daß er wie Espenlaub zitterte, dann sah er mir in die Augen und nahm das Taschentuch. Aber statt sich selbst die Nase zu putzen, wischte er mir die Tränen aus den Augen

Dann schluckte er, sah kurz weg und sprach mich an:

„Manfred. Bruder."

Er sagte es wie ein Baby, das sein erstes Wort spricht, so als ob seine Zunge noch nicht wüßte, wie sie diesen ungewohnten Laut erzeugen sollte. Er sagte es wie ein Schiffbrüchiger, der an Land gespült, nach dem Schicksal seiner Familie fragt und das Schlimmste befürchtet. Er sagte es wie ein Soldat, der dem verwundeten Feind begegnet und es nicht fertigbringt, diesen zu erschießen.

Dann sagte er es noch einmal: „Bruder." Und es klang schon vertrauter, normaler, so als ob das Wort wirklich hierher gehörte.

Danach fielen wir uns in die Arme und weinten minutenlang. Aber schon nach einer Weile konnten wir nicht mehr. Die Massage war plötzlich nicht mehr so wichtig. Er zog sich an, ich wusch und desinfizierte meine Hände, und wir setzen uns auf die Couch. Nach einer Weile des Schweigens erzählte er mir seine Geschichte: wie er infiziert worden war, was er sich vom Leben erhofft hatte, wie er manchmal verzweifelte und dann auch wieder Momente tiefer innerer Freude erleben durfte.

Die größte Angst

Als er geendet hatte, sagte er: „Mit dem Tod habe ich eigentlich Frieden geschlossen. Aber weißt du, wovor ich am meisten Angst habe?"

Ich sagte nichts und wartete darauf, daß er mir die Antwort auf seine Frage gab.

„Ich habe große Angst davor, ganz allein zu sterben, nur von den Geistern meiner toten Freunde umgeben, nur von den Schatten derjenigen, die mich geliebt und die ich verlassen habe, von den Gespenstern der Menschen, denen ich in meinem Leben weh getan habe, auf die ich herabgeschaut, die ich verachtet und gehaßt habe. Weißt du, ich habe früher so viele Liebhaber gehabt, aber niemanden, den ich wirklich in mein Herz gelassen habe."

Ich konnte ihn gut verstehen, denn auch ich kannte diese Angst aus eigener Erfahrung.

Tyrone fuhr fort: „Ich habe mich immer so nach einem Menschen gesehnt, dem ich mich ganz hingeben kann, der mich einfach so liebt wie ich bin."

Ich nickte stumm. Schließlich haben wir doch alle dieses Bedürfnis. Halten wir das Leben in voneinander isolierten Körpern, die Trennung von Gott nicht nur deshalb aus, weil es dann und wann kurze ekstatische Momente des Verschmelzens mit einem geliebten Menschen gibt?

„Und weißt du, was das Verrückteste an der ganzen Geschichte ist? Ich bin diesem Menschen tatsächlich begegnet. Er heißt Thomas. Wir leben seit über zwei Jahren zusammen, haben uns eine kleine Wohnung eingerichtet und sind uns beide absolut treu."

Ich drückte seine Hand. Er schluckte und konnte mich nicht mehr ansehen, als er weitersprach.

„Aber jetzt kommt es: Ich habe ihn angesteckt, Mann. Das mußt du dir mal vorstellen. Ich liebe ihn doch über alles und dann stecke ich ihn an. Wie soll ich denn mit so etwas fertig werden? Kannst du mir das vielleicht einmal sagen?"

Ich konnte es ihm natürlich nicht sagen und hielt statt dessen einfach weiter seine Hand.

„Er hat bis jetzt überhaupt noch keine Symptome, er arbeitet normal, treibt Sport und ernährt sich gut. Außerdem kümmert er sich um mich, er kocht, wäscht und kauft ein. Er ist nämlich eine richtig gute Hausfrau, weißt du!"

Er mußte lachen, auch wenn ihm gleichzeitig die Tränen über die Wangen liefen.

„Damals wußte ich ja noch nicht einmal, daß ich positiv bin. Sonst hätte ich ihn doch nie angesteckt. Wir dachten immer, unsere Liebe würde uns schon vor allem Übel beschützen. Wir waren uns doch treu und wollten die Vergangenheit hinter uns lassen und nicht mehr über sie reden. Ich hatte Angst, ich würde ihn verlieren."

Tyrone wurde erneut von einem Weinkrampf geschüttelt. Als er wieder sprechen konnte, fuhr er fort:

„Und ich habe furchtbare Angst, daß er mir nicht verzeihen kann. Er sagt, daß er mich trotzdem liebt, er tut alles für mich, aber ich habe diese Wahnsinnsangst, daß er nicht da sein wird, wenn ich sterbe, daß statt ihm nur diese Gespenster da sind. Ich habe meistens nicht einmal mehr Angst vor dem Sterben, ich habe mich ja längst an den Gedanken gewöhnt und lebe damit so gut ich kann. Aber daß er nicht da sein könnte, wenn es soweit ist, der Gedanke ist mir einfach unerträglich."

Das war vor acht Monaten der Beginn unserer Freundschaft gewesen. Und heute war mein Freund Tyrone nicht zu seiner Behandlung ins Zentrum gekommen. Ich wartete auf ihn und mußte lächeln, wenn ich an ihn dachte. Gleichzeitig krampfte sich aber mein Herz vor Angst zusammen. War es so weit? War der Moment gekommen,

vor dem er sich manchmal gefürchtet und den er manchmal herbei-
gesehnt hatte?

Charlene schreckte mich aus meinen Erinnerungen und Phanta-
sien auf. Sie brauchte es mir eigentlich gar nicht mehr mit Worten zu
sagen, denn ihr tränenüberströmtes Gesicht sagte alles.

Hinauswurf in die Freiheit

Um den Tod von Tyrone zu verarbeiten, brauchte ich Zeit und nahm mir ein paar Wochen frei. In dieser Zeit des Reflektierens, in der ich viel meditierte und jeden Tag stundenlang durch die an Berkeley und Oakland angrenzenden Hügel und Naturschutzgebiete wanderte, wurde mir vieles klarer.

Obwohl ich eine Methode gefunden hatte, die es mir erlaubte, mit vielen Klienten hintereinander zu arbeiten, ohne mir ihre Probleme aufzuladen, war ich immer noch unzufrieden. Immer noch stand ich als Behandelnder, der alles wußte, dem zu Behandelnden gegenüber; ihm aber blieb bei seiner eigenen Gesund- und Heilwerdung nur die passive Rolle.

Zudem sah ich immer deutlicher die Grenzen von Briema. Vielen Klienten konnten wir nicht helfen, und ich konnte es nicht mit meiner Ethik vereinbaren, sie nicht an andere Therapeuten zu überweisen, die ihnen hätten besser helfen können.

Ich kündigte meine Stelle bei Jon und beschloß, mich auch von Manoutsch zu trennen. In seinen Gruppen war die Körperarbeit immer mehr zugunsten endloser Vorträge über obskure Themen in den Hintergrund getreten. Also ersuchte ich Manoutsch um eine Unterredung und erklärte mich ihm.

„Ich bin an einem Punkt angekommen, an dem ich nichts mehr von dir lernen kann. Ich möchte das, was ich bei dir gelernt habe, in der Welt überprüfen und nicht in dem begrenzten Rahmen, den mir deine Gruppen bieten. Ich brauche Experimente und kein endloses

Wiederholen derselben Übungen. Ich brauche Reibung und Aus-
einandersetzung und nicht das ewige Kopfnicken deiner Anhänger,
denen jedes kritische Denkvermögen fehlt. Ich brauche frischen
Wind und kann die abgestandene Luft in deinem Teppichladen
nicht mehr ertragen."

Manoutsch sah mich eine Weile wortlos aus seinen schwarzen
Augen an. Dann drückte er mir die Hand und sagte leise:

„Du bist einer der wenigen, die verstanden haben, was ich lehre.
Gehe deinen eigenen Weg, so wie ich meinen gegangen bin. Auch
ich habe viele Lehrer verlassen, um mich zu finden. Ich bin sicher,
du wirst deinen Weg machen."

Dann umarmte er mich kräftig und ging in sein Büro.

Was ich nicht wußte, war, daß Manoutsch sofort nach unserer
Unterredung Briefe an alle mit ihm assoziierten Zentren in Europa
schrieb, in denen er darauf hinwies, daß ich nicht länger ein Mitglied
seiner Gruppe wäre, daß mir die Lehrerlaubnis entzogen worden
wäre und daß jeder Kontakt mit mir zum Abbruch der Beziehungen
mit ihm führen würde.

Ich hatte vorgehabt, in den nächsten Monaten Kurse in Deutsch-
land und Österreich zu geben, wo ich bereits gemeinsam mit Jon in
Graz das erste Seminar in Europa unterrichtet hatte. Nun brach
plötzlich eine Welt zusammen, und meine gesamten Zukunftspläne
lösten sich von einer Sekunde auf die andere in Luft auf.

Ich war zuerst sehr wütend auf Manoutsch und hielt ihn für jemanden, der mich von vorne angelächelt, während er mir von hinten ein
Messer in den Rücken gestoßen hatte; aber nach und nach erkannte
ich die Wahrheit. Er mußte seine Methode und seine Schule schüt-
zen, denn er wußte, daß ich nicht das unterrichten würde, was er
mich gelehrt hatte, sondern das, was ich daraus entwickelt hatte. Und
er gab auch mir eine Chance.

So warf er mich in die Freiheit hinaus, denn nun war ich völlig
unabhängig geworden und konnte das weiterentwickeln, was mir an
seiner Methode gefallen, und das verwerfen, was mich gestört hatte.
Ich konnte meine Erfahrungen aus vielen unterschiedlichen Metho-

den zusammenfließen lassen und brauchte mich nicht länger auf eine einzige zu beschränken. Ich war frei geworden: frei von Lehrern, frei von Methoden, frei von dem Gedanken der Trennung zwischen dem, der aktiv ist, und dem, der passiv ist.

Eine Einladung an Sie

Auf den folgenden Seiten möchte ich Sie einladen, einen Teil meiner Erfahrungen mit mir zu teilen. Ich hoffe, daß Sie sich die Zeit nehmen, die Übungen mit einem Partner auszuprobieren, und daß auch Sie das annehmen, was für Sie nützlich ist, und das verwerfen, was Ihnen auf Ihrem Weg nicht weiterhilft.

Es ist mir immer eine große Freude und eine Ehre gewesen, mit einem anderen Menschen auf diese intime Weise zusammensein zu dürfen und zu erleben, wie der Atemrhythmus zweier Menschen sich angleicht, bis er einer geworden ist, und wie die Grenzen zwischen zwei Menschen durchlässiger werden, bis sie sich ganz aufgelöst haben. Dann gibt es niemanden mehr, der passiv ist, und auch niemanden, der aktiv ist. Dann existieren nur noch Bewegung und die Freude an der Bewegung, nur noch Berührung und der Genuß an der Berührung. In diese Welt lade ich Sie ganz herzlich ein.

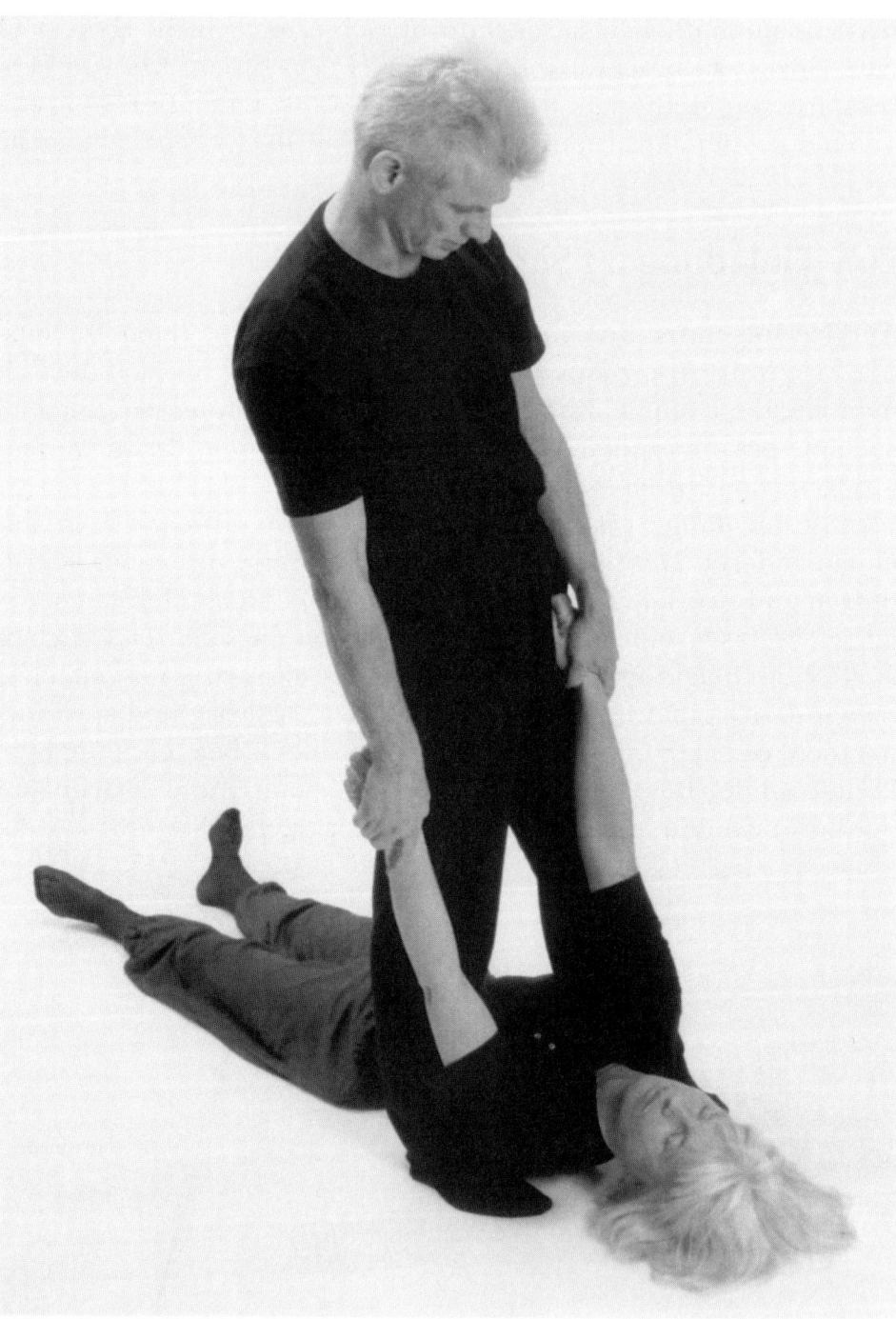

Teil 2
Die Übungen

Der Weg zur vollkommenen Entspannung

Im folgenden stelle ich jene Entspannungsübungen für Partner vor, die die Quintessenz meiner fast zwanzigjährigen Erfahrung in verschiedenen körperorientierten Heilkünsten bilden. Ich habe in diese leicht zu erlernenden Partnerübungen Elemente aus verschiedenen Massagetechniken und Methoden der Körperarbeit einfließen lassen.

Dennoch ist es mir wichtig zu betonen, daß ich in diesem Buch keine neue Therapie beschreibe, da es meinen Intentionen nach niemanden gibt, der behandelt und auch niemanden, der behandelt wird. Ich stelle hier aber auch keine neue Form der Massage vor, da es niemanden gibt, der nach Verspannungen sucht und auch niemanden, der verspannt ist. Ich will auch keine neue Methode der Körperarbeit kreieren, da es in Wahrheit niemanden gibt, der arbeitet und niemanden, der bearbeitet wird. Es soll auch keine neue Behandlungsmethode sein, da es niemanden gibt, der eine Krankheit diagnostiziert und auch niemanden, der krank ist.

Konzepte wie Therapie, Massage, Körperarbeit und Behandlung entstanden aus der Wahrnehmung von Trennung und der daraus hervorgegangenen Idee, daß ein Mensch wissen kann, was für einen anderen gut ist. Aber können wir uns wirklich anmaßen, den großen Plan des Lebens zu durchschauen, der für jeden Menschen die Aufgaben bereithält, die er braucht, um seiner höchsten Bestimmung entgegenzuwachsen?

Bei den in diesem Buch vorgestellten Übungen geht es mir daher nicht darum, etwas verändern oder verbessern zu wollen, sondern nur darum, den Partner so anzunehmen wie er ist und mich selbst zu entspannen – und das bedeutet, auch mich selbst so anzunehmen wie ich bin. So können sowohl ich als auch mein Partner die Berührung genießen und einfach Freude an unserem Miteinander haben.

Die Trennung vom Mitmenschen ist eine Illusion, die nur durch eine falsche Wahrnehmung der Wirklichkeit aufrechterhalten werden kann. Jede Form der Therapie oder der Massage kann nur dann Erfolg haben, wenn sie anerkennt, daß wir nicht voneinander getrennt sind und daß jedes Leben seine ihm eigene Schönheit besitzt.

Was aber wird getan, wenn weder therapiert, noch massiert oder behandelt wird? Eigentlich gar nichts! Und das ist es, was wir am nötigsten brauchen: Einmal nichts zu *tun*, sondern nur zu *sein*, einfach angenommen zu werden, einmal den Ballast unseres Verstandes abzuwerfen und ganz nackt zu sein, ohne Sorgen, Ängste und Zweifel – wieder so zu sein wie wir geboren wurden, so unschuldig und neugierig, so vollkommen offen und verletzlich und doch geborgen und sicher im Schoß der Mutter.

Und doch geschieht in diesem Nichtstun alles: Der Atemrhythmus wird langsamer und ruhiger; die Muskeln lassen ihre chronische Anspannung los und werden besser durchblutet; die Wirbelsäule streckt sich, so daß eingeklemmte Nerven befreit werden; der ganze Körper wird vitalisiert und mit neuem Leben erfüllt; der Verstand kommt zur Ruhe und stellt sein ewiges Geplapper ein. Ein wohliges warmes Gefühl breitet sich vom Herzen ausgehend im ganzen Körper aus. Zwischen den Partnern fließen beglückende Energien hin und her, so daß es schwer zu sagen ist, wer eigentlich aktiv und wer passiv ist. Denn das, was dem einen gut tut, das tut auch dem anderen gut.

Wer entspannt sein will, der muß einfach loslassen. Das kann nicht durch Anstrengung geschehen, denn Entspannung ist das Gegenteil

von Anstrengung. Entspannung ist aber nicht nur die bloße Abwesenheit von Verspannung, sondern ein dynamischer Prozeß, der der
funktionale Zustand eines jeden lebenden Organismus ist. Wenn
sich zwei Menschen ohne Forderungen und ohne Ansprüche begeg-
nen, wenn sie einander in der Tiefe ihres Wesens annehmen so wie
sie sind, erfahren sie diesen dynamischen, sich ständig verändernden
Fluß der Lebensenergie, der unser aller Geburtsrecht ist. Dabei sol-
len diese Übungen helfen.

Entspannen heißt loslassen

Bevor Sie nun mit den eigentlichen Übungen beginnen, noch ein
paar grundsätzliche Worte. [1]
    Tragen Sie lockere bequeme Kleidung aus natürlichen Fasern, die
Ihre Beweglichkeit nicht eineng. Auf keinen Fall sollten Sie Schuhe
tragen, da Sie den Körper der passiven Partnerin manchmal mit
Ihren Füßen berühren werden. Tragen Sie Baumwollsocken, oder
ziehen Sie die Strümpfe ganz aus. Wenn beide Partner dies wün-
schen, können Sie diese Übungen natürlich auch nackt ausführen.
    Suchen Sie einen Raum aus, in dem Sie sich beide besonders wohl
fühlen. Das Licht sollte gedämpft sein, die Zimmertemperatur angenehm warm; im Hintergrund kann leise entspannende Musik laufen.
Sorgen Sie dafür, daß Sie eine Stunde lang nicht gestört werden.
    Machen Sie es sich auf dem Boden bequem. Als Unterlage können
Sie einen dicken Teppich benutzen oder eine dünne bezogene
Schaumstoffmatte, aber auch eine Wolldecke oder eine Yogamatte.
Auf jeden Fall sollte die Unterlage nicht verrutschen können und
weich genug sein, daß Sie sich auf ihr wohl fühlen, aber nicht so
weich, daß Sie bei den Bewegungen das Gleichgewicht verlieren.

---

[1] *Ich werde in der Beschreibung der Übungen die passive Person immer als „Partnerin" und „sie" bezeichnen, da dies mit der Situation auf den Fotos überein-
stimmt.*

Der aktive Partner

Jede Übung beginnt an den Füßen, bewegt sich meistens im Uhrzeigersinn um den Körper herum und endet am Kopf. Wenn Sie während der Übung merken, daß Sie sich nicht wohl fühlen, ändern Sie sofort Ihre Position. Wenn Sie sich verspannen oder gar unter Schmerzen leiden, weil eine Position unbequem für Sie ist, werden Sie Ihrer Partnerin nicht viel Gutes tun können. Da die innere Erfahrung der Übung wichtiger ist als die äußere Form, können Sie den Ablauf jederzeit Ihren eigenen Bedürfnissen oder denen Ihrer Partnerin anpassen.

Da Ihr ganzer Körper an den einzelnen Bewegungen beteiligt sein sollte, vermeiden Sie bitte jegliche Anwendung von Muskelkraft. Wenn Sie sich anstrengen, vermitteln Sie Ihrer Partnerin diese Erfahrung, was unweigerlich dazu führt, daß sie sich ebenfalls anspannt. Wenn Ihre Partnerin hingegen wahrnimmt, wie entspannt Sie sind, wird Sie Ihnen vertrauen und ebenfalls loslassen können. Dann können Sie sich an dem Ort treffen, an dem zwei scheinbar voneinander getrennte Menschen eins werden.

Unterhalten Sie sich nicht mit Ihrer Partnerin, und vertrauen Sie darauf, daß Sie Ihnen sofort mitteilen wird, wenn ihr eine Ihrer Bewegungen unangenehm ist oder weh tut.

Fassen Sie Ihre Partnerin bitte auf ganz natürliche Weise an, so wie Sie auch sich selbst, den Boden oder ein Haustier anfassen würden – ohne jedes Zögern, ohne Angst oder Zweifel, natürlich und entspannt. Unterbrechen Sie den Körperkontakt erst, wenn die ganze Übungsreihe vorbei ist. Schließen Sie dann einen Moment lang die Augen, und atmen Sie eine Weile ruhig und gleichmäßig.

Die passive Partnerin

Wenn Sie die passive Rolle einnehmen, sollten Sie mit geschlossenen Augen still auf dem Rücken liegen und mit Ihrer ganzen Aufmerksamkeit den Bewegungen Ihres Körpers folgen. Sollten Sie aber einschlafen, genießen Sie es.

Wenn es Ihnen gelingt, wach zu bleiben, sollten Sie sich nicht mit Ihrem Partner unterhalten, ihm aber sofort mitteilen, wenn Ihnen eine seiner Bewegungen weh tut oder unangenehm für Sie ist. Da er weiß, daß Sie ihm dies mitteilen werden, kann er sich völlig entspannen und selbst ganz in den Bewegungen aufgehen.

Nach dem Ende der Übung bleiben Sie noch eine Weile liegen, strecken sich dann in aller Ruhe und öffnen erst anschließend die Augen.

Ein Wort zu den einzelnen Übungen

Die Übungen sind der Einfachheit halber in vier Übungsreihen untergliedert. In der ersten Übungsreihe zeige ich Ihnen, wie Sie sich mit Ihrem Gewicht in den Körper Ihres Partners hineinlehnen, von der Körpermitte aus über die Extremitäten hinaus streichen und verschiedene Körperpartien halten. Die Wirkung dieser Bewegungen ist beruhigend und harmonisierend.

In der zweiten Übungsreihe zeige ich Ihnen, wie Sie den ganzen Körper und insbesondere die Gelenke und die Wirbelsäule strecken und lockern, indem Sie sich an den Extremitäten Ihres Partners festhalten und sich dann zurücklehnen. Die Wirkung dieser Bewegungen ist kräftigend und belebend.

In der dritten Übungsreihe zeige ich Ihnen, wie Sie die Extremitäten des Partners schütteln und seinen ganzen Körper rollen. Die Wirkung dieser Bewegungen ist stimulierend und entspannend zugleich.

In der vierten Übungsreihe zeige ich Ihnen beispielhaft, wie Sie die sieben Grundtechniken miteinander kombinieren und Ihren ganzen Körper stärker einsetzen können.

Ich empfehle Ihnen, zunächst die einzelnen Übungen in der angegebenen Reihenfolge zu praktizieren, bis Sie ein Gefühl dafür bekommen haben, worauf es eigentlich ankommt. Danach können Sie die verschiedenen Techniken auf die unterschiedlichsten Weisen miteinander kombinieren. So entstehen aus nur sieben Grundtechniken Hunderte von völlig unterschiedlichen Übungsabläufen. Ich habe noch nie dieselbe Bewegungsabfolge zwei Mal ausgeführt – außer zu Lehrzwecken natürlich.

Da wir es in unserer Kultur nicht gewohnt sind, uns am Boden aufzuhalten oder längere Zeit auf den Knien zu sitzen, kann es sein, daß Ihnen das Sitzen auf dem Boden anfangs schwerfällt. Es mag auch sein, daß Sie ein bißchen steif und nicht gelenkig genug sind, um die Bewegungen immer korrekt auszuführen. In diesem Fall empfehle ich Ihnen, zusätzlich die Übungen des „Fliegenden Phoenix" [2] auszuführen. Schon nach ein paar Wochen werden Sie entspannter und gelenkig genug sein, auch längere Zeit ohne Schmerzen am Boden zuzubringen.

Sobald Ihr Körper (nicht Ihr Kopf!) die einzelnen Techniken „begriffen" hat, folgen Sie nur noch Ihrer Intuition. Dabei gilt die Maxime: **Was sich gut anfühlt, das ist gut.**

---

[2] *Manfred Miethe: Fliegender Phoenix. Kraft und Ruhe für unser tägliches Leben. Umschau Buchverlag, Frankfurt am Main, 1997*

Hineinlehnen, streichen und halten

Der andere Mensch ist nicht von mir getrennt,
daher behandele ich ihn wie mich selbst.

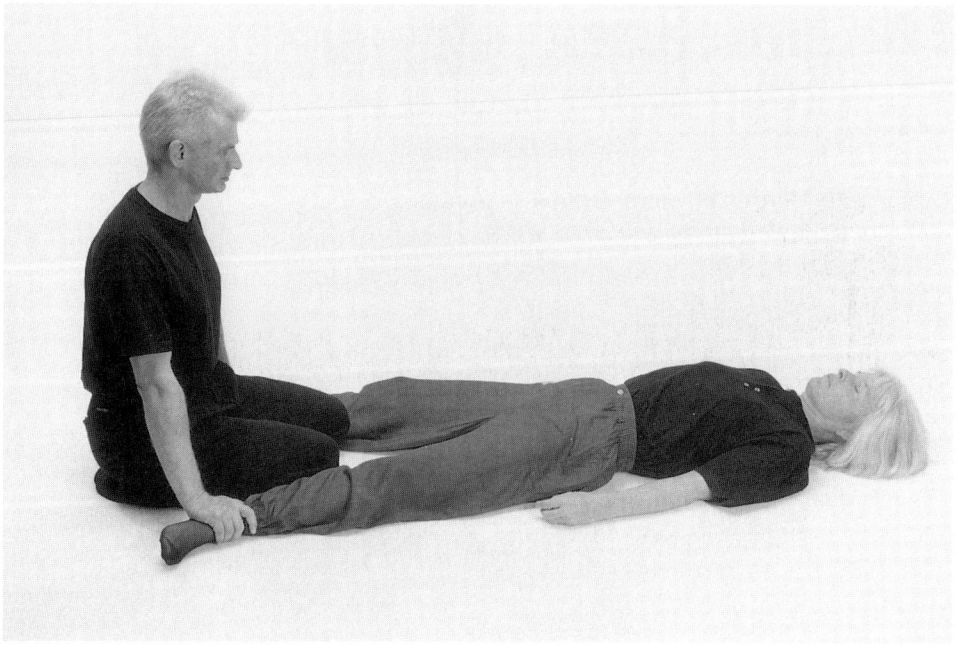

Fußgelenke halten

1

Setzen Sie sich so auf den Boden, daß sich Ihre Knie zwischen den
Füßen Ihrer Partnerin befinden und diese mit den Händen bequem
zu erreichen sind. Fassen Sie die Fußgelenke mit beiden Händen an,
so wie Sie auch den Boden berühren würden – ohne Zögern, ohne
Absicht, ohne Angst. Halten Sie diese Position ein paar Atemzüge
lang.

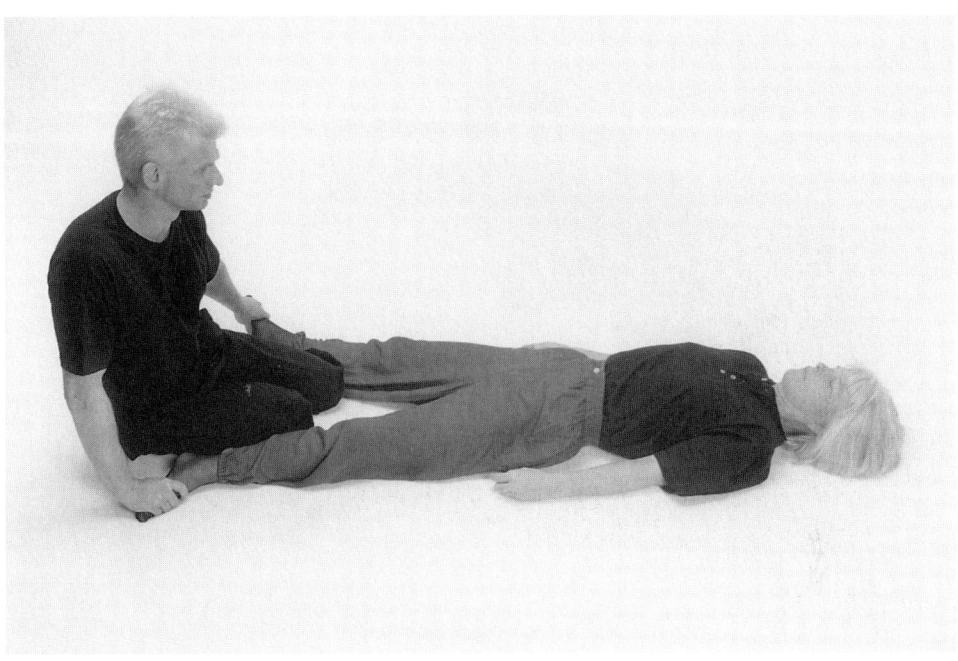

Abwechselnd in die Füße hineinlehnen und streichen

2

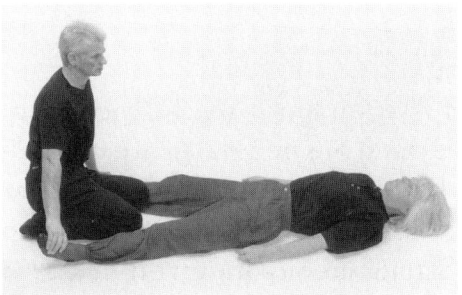

Lehnen Sie einen Teil Ihres Körpergewichts auf die Füße Ihrer Partnerin, und bewegen Sie Ihren Körper von einer Seite zur anderen. Dabei verändern Sie die Position Ihrer Hände allmählich so, daß Sie langsam Ihr Gewicht von den Fußgelenken seitlich am Fuß entlang bis zu den Fußballen verlagern. Streichen Sie anschließend von den Fußgelenken bis zu den Zehen und über sie hinaus. Wiederholen Sie diese Bewegungen noch zwei Mal.

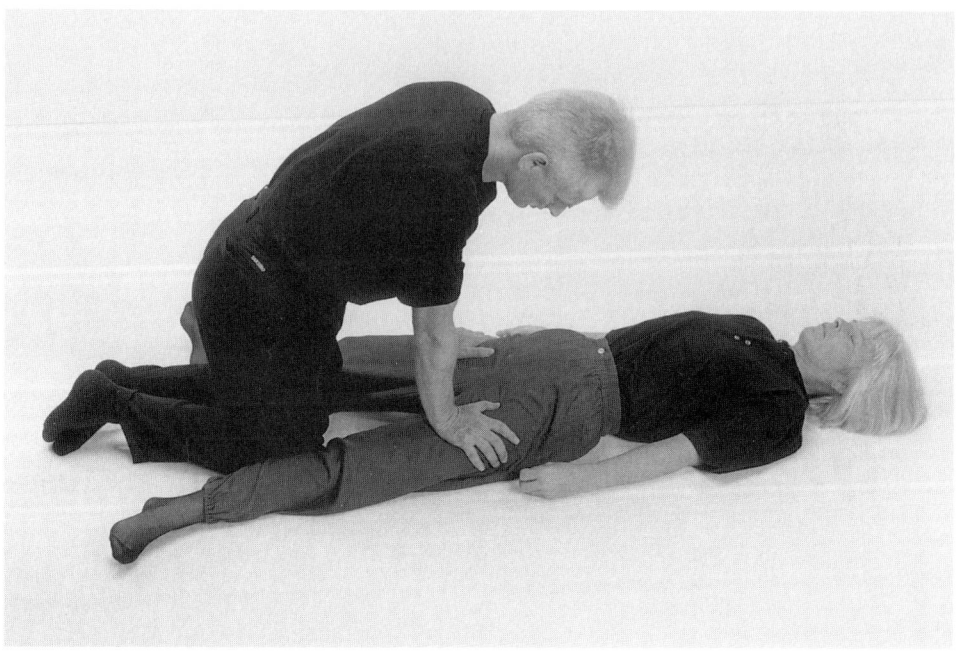

Abwechselnd in die Beine hineinlehnen und hinunterstreichen

3

Bewegen Sie Ihren Körper wieder von einer Seite zur anderen, und lehnen Sie sich dabei auf die Beine Ihrer Partnerin. Dabei verändern Sie die Position Ihrer Hände nach und nach, so daß Sie Ihr Gewicht allmählich von den Fußgelenken bis zu den Hüftgelenken verlagern. Streichen Sie dann von den Hüftgelenken bis zu den Zehen hinunter und über sie hinaus. Wiederholen Sie diese Bewegungsfolge noch zwei Mal.

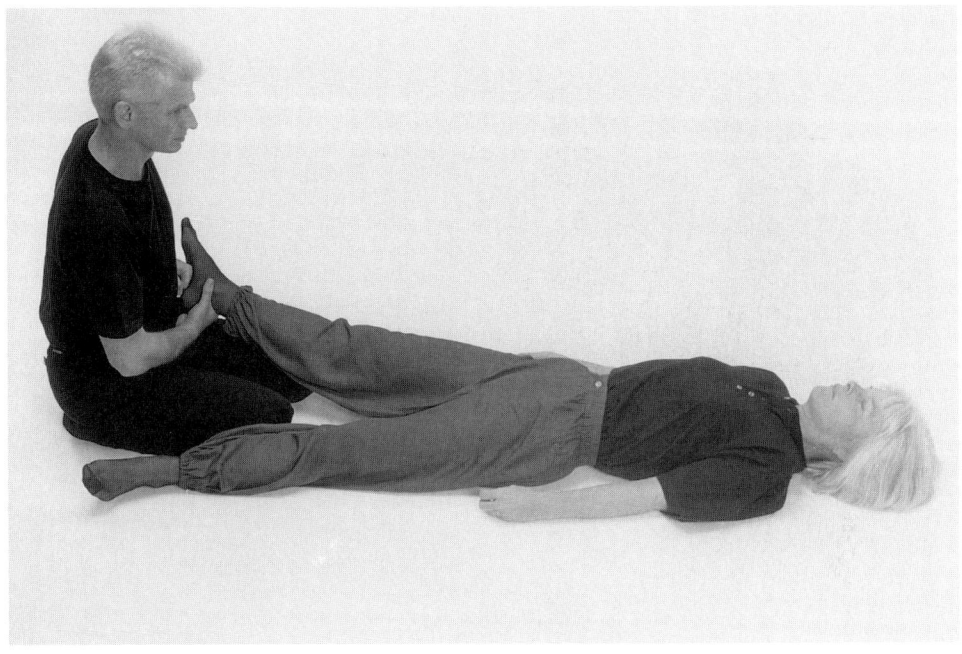

In die rechte Fußsohle hineinlehnen und streichen

4

Heben Sie den rechten Fuß
Ihrer Partnerin in den Schoß,
indem Sie sich zunächst nach
vorne lehnen und dann mit
der Rückwärtsbewegung den
Fuß heben. Benutzen Sie nicht
nur die Schultern und Arme,

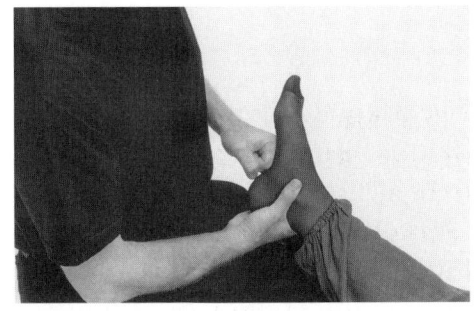

sondern den ganzen Körper. Halten Sie den rechten Fuß mit der
rechten Hand, ballen Sie die linke zu einer lockeren Faust, und
drücken Sie mit Ihrem Körpergewicht auf der Unterseite des Fußes
von der Ferse bis zum Ballen. Streichen Sie dann von der Ferse zu
den Zehen und über sie hinaus. Wiederholen Sie diese Bewegung
noch zwei Mal.

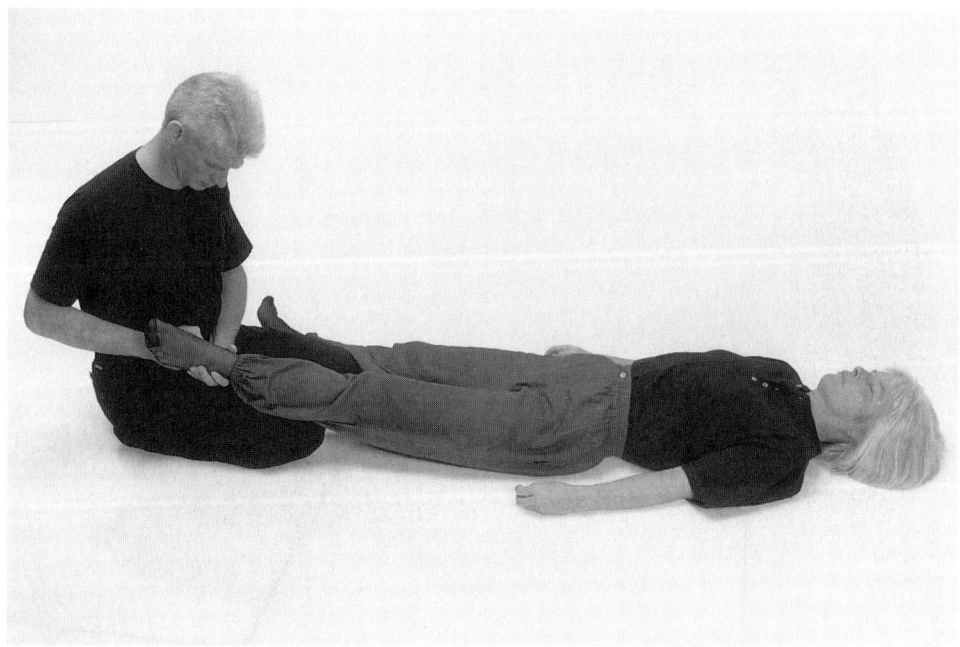

In die linke Fußsohle hineinlehnen und streichen

5

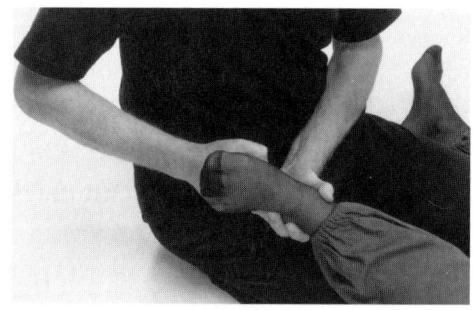

Nachdem Sie den rechten Fuß wieder zum Boden gesenkt haben, heben Sie nun auf die schon beschriebene Weise den linken Fuß Ihrer Partnerin in den Schoß. Halten Sie ihn mit der linken Hand, ballen Sie die rechte zu einer lockeren Faust, und drücken Sie mit Ihrem Körpergewicht auf der Unterseite des Fußes von der Ferse bis zum Ballen. Streichen Sie dann vom Ballen zur Ferse hinunter. Wiederholen Sie diese Bewegung noch zwei Mal.

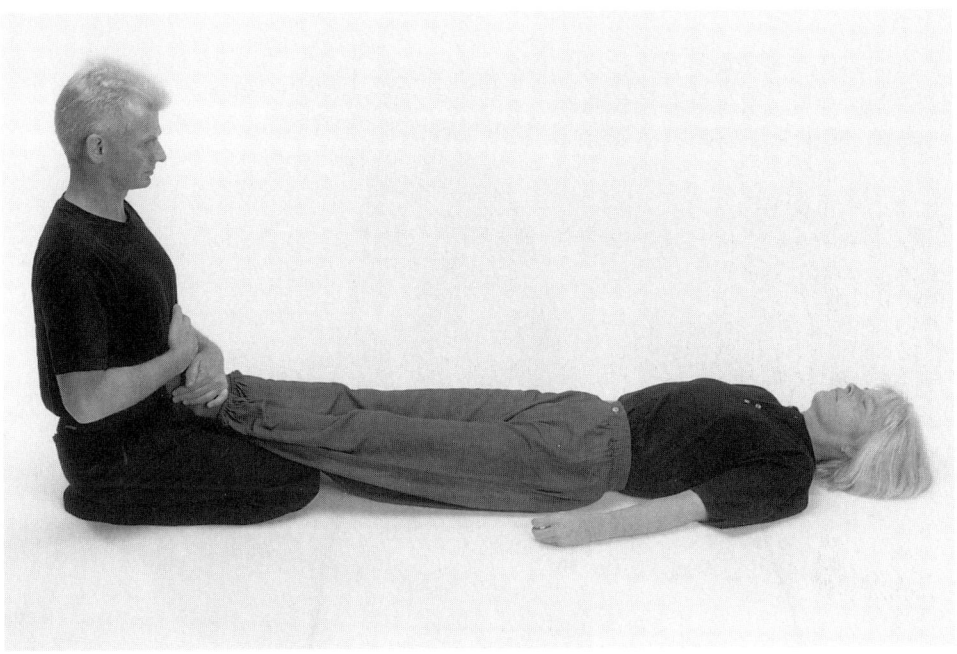

Beide Füße ruhen im Schoß

6

Senken Sie den linken Fuß zum Boden, und heben Sie dann beide
Füße in den Schoß, indem Sie sich zunächst nach vorne lehnen und
dann die Füße mit der Rückwärtsbewegung heben. Bedecken Sie die
Füße Ihrer Partnerin mit Ihren Händen, und halten Sie sie gegen
den Bauch. Verharren Sie einige Atemzüge lang in dieser Position.

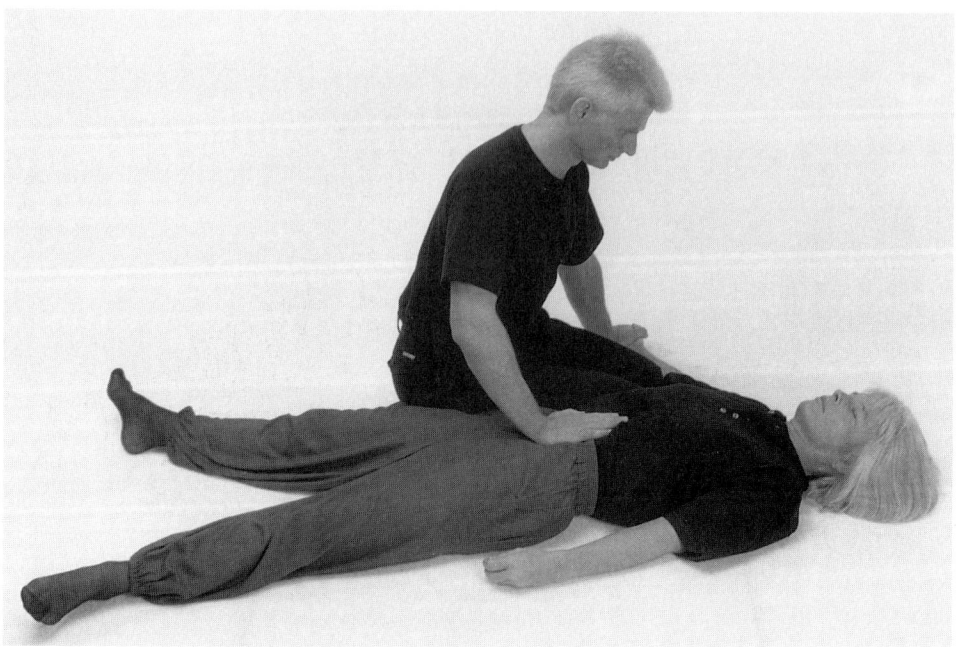

Rechte Hand und Bauch halten

7

Legen Sie die Füße auf den Boden zurück, und bewegen Sie sich im Uhrzeigersinn zur rechten Seite Ihrer Partnerin, ohne dabei den Körperkontakt mir ihr zu verlieren. Setzen Sie sich eng an ihre Seite, so daß Sie sie mit Ihrem rechten Oberschenkel berühren. Legen Sie Ihre rechte Hand ganz entspannt auf den Bauch und die linke auf die offene Handfläche ihrer rechten Hand. Halten Sie diese Position ein paar Atemzüge lang.

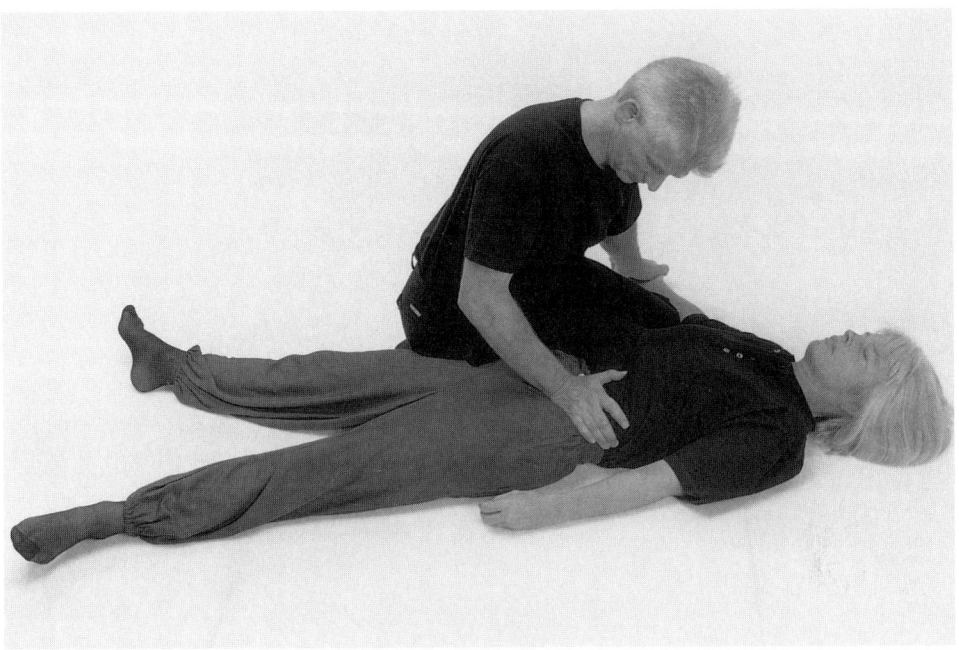

Im Uhrzeigersinn in den Bauch hineinlehnen und streichen

8

Lehnen Sie sich nun mit einem Teil Ihres Körpergewichts in Ihre rechte Hand hinein, so daß Sie sanften Druck auf den Bauch Ihrer Partnerin ausüben. Bewegen Sie Ihre Hand dann im Uhrzeigersinn um den Bauch herum, und verharren Sie jeweils einen Moment in jeder Position, so daß Sie nach einer Weile auf jeden Teil des Bauches sanften Druck ausgeübt haben. Streichen Sie anschließend ebenfalls im Uhrzeigersinn mehrmals um den Bauch herum. Wiederholen Sie diese Bewegungsfolge noch zwei Mal.

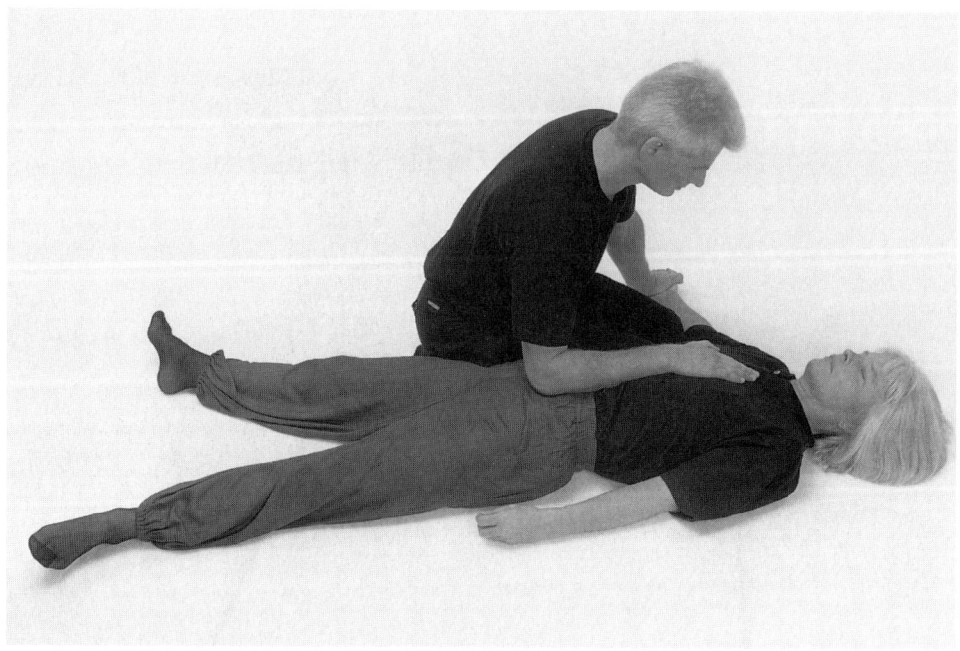

Rechter Unterarm ruht auf Brust und Bauch

9

Legen Sie Ihren rechten Unterarm so auf den Körper Ihrer Partnerin, daß Ihre Hand in der Mitte ihrer Brust und Ihr Ellenbogen auf
ihrem Bauch liegt. Verharren Sie einige Atemzüge lang in dieser
Position.

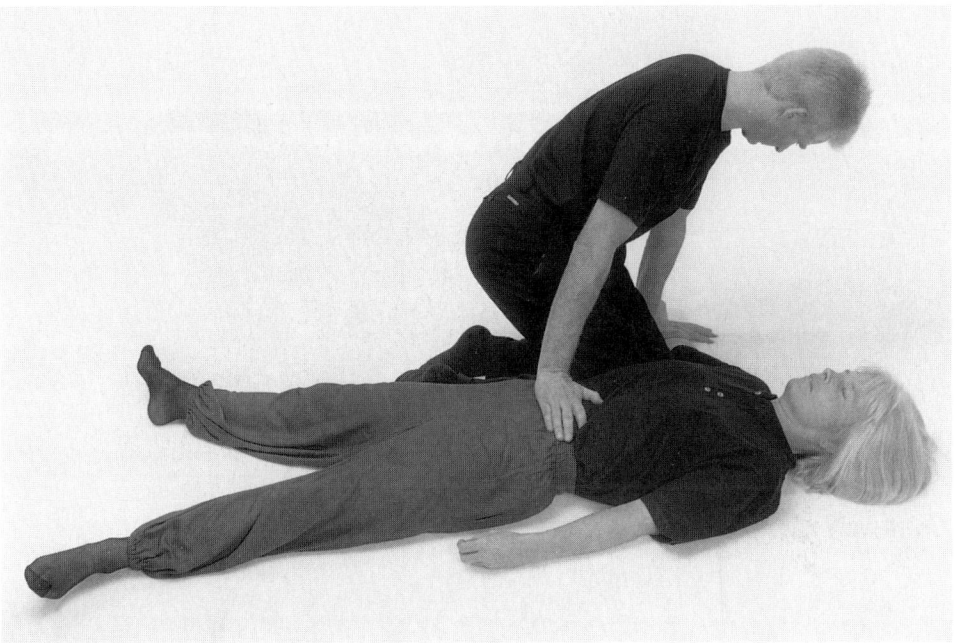

In den rechten Arm hineinlehnen und hinunterstreichen

10

Ihre rechte Hand streicht wieder zum Bauchnabel hinunter und
bleibt dort liegen. Lehnen Sie sich dann mit Ihrem Körpergewicht in
Ihre linke Hand hinein, und wandern Sie mit dieser von der rechten
Handfläche Ihrer Partnerin allmählich zu ihrer rechten Schulter.
Von der Schulter streichen Sie anschließend zu den Fingern hinunter und über sie hinaus. Wiederholen Sie diese Bewegungsfolge noch
zwei Mal.

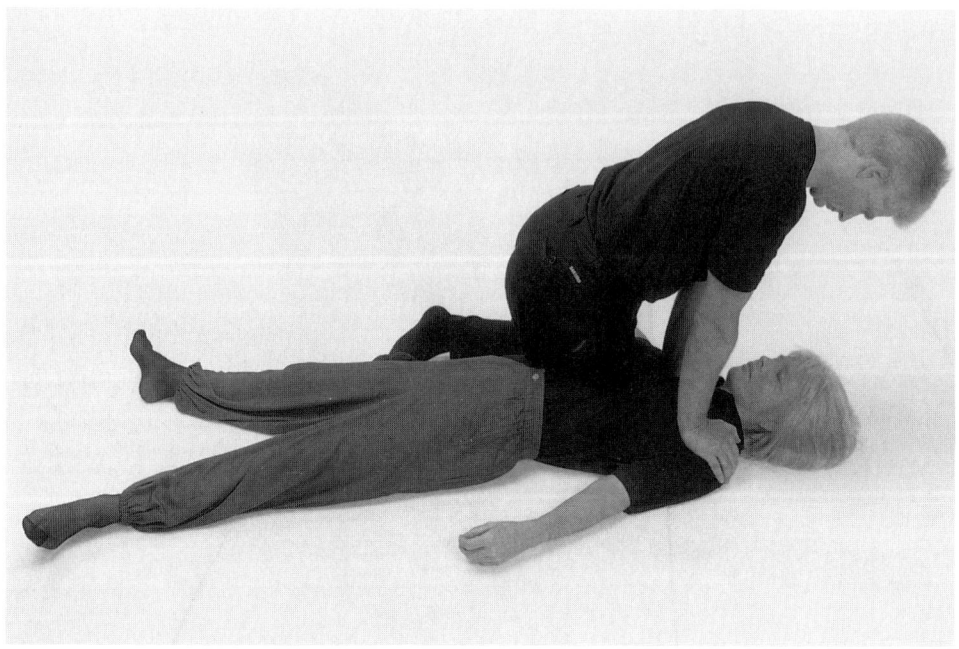

In beide Schultern hineinlehnen

11

Streichen Sie nun mit der linken Hand zur rechten Schulter Ihrer Partnerin hinauf und mit der rechten vom Bauchnabel zur linken Schulter. Lehnen Sie Ihr gesamtes Körpergewicht in die Schultern hinein und zwar so, daß Ihre Handballen genau in die fleischige Vertiefungen zwischen Schulter und Brust passen. Halten Sie diese Position einen Moment lang, und lehnen Sie sich dann noch zwei Mal in die Schultern hinein.

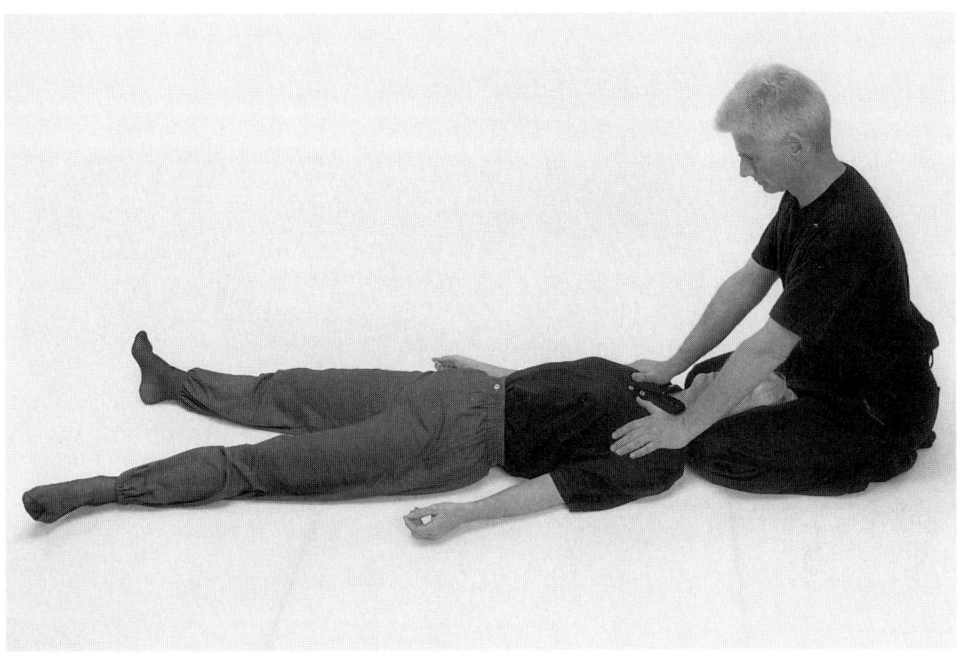

Kopf zwischen den Beinen, Hände ruhen auf den Schultern

12

Halten Sie den Körperkontakt aufrecht, während Sie sich an das
Kopfende Ihrer Partnerin begeben und sich dort so hinsetzen, daß
ihr Kopf eng zwischen Ihren Oberschenkeln liegt. Lassen Sie Ihre
Hände einige Atemzüge lang auf den Schultern Ihrer Partnerin
ruhen.

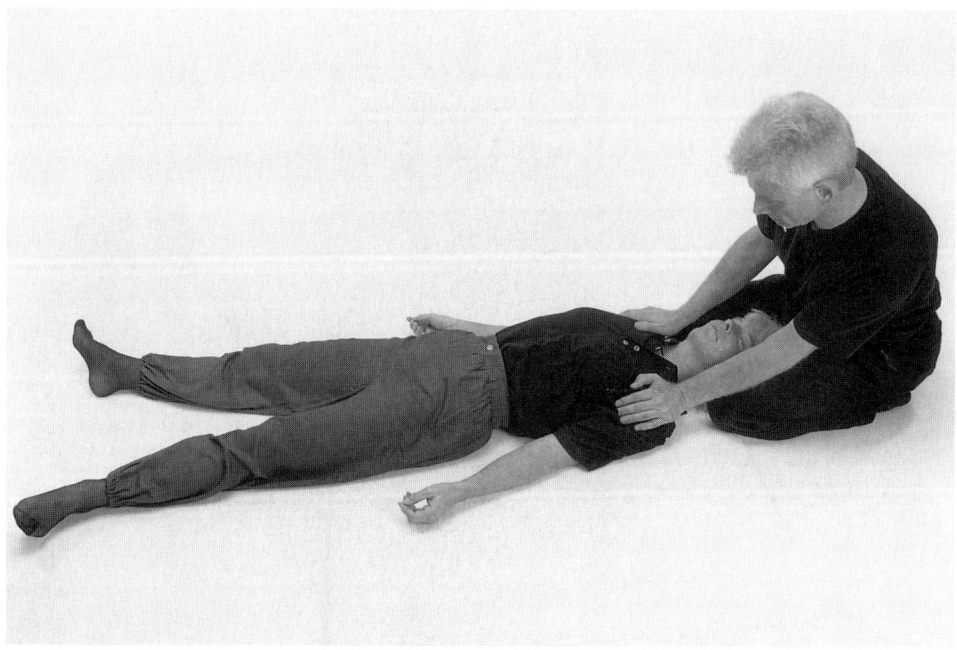

Schultern abwechselnd wegdrücken

13

Verlagern Sie Ihr Körpergewicht
von einer Seite auf die andere
leicht nach vorne, und lehnen
Sie sich dabei jeweils in eine
Schulter hinein, so daß sie diese von sich weg drücken. Führen Sie diese Bewegung zwei
bis drei Minuten lang durch.

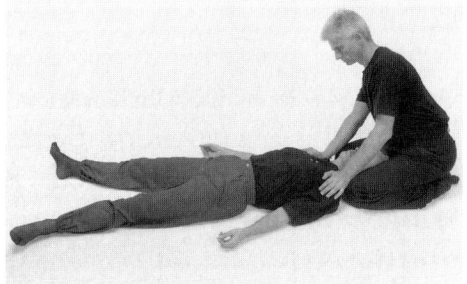

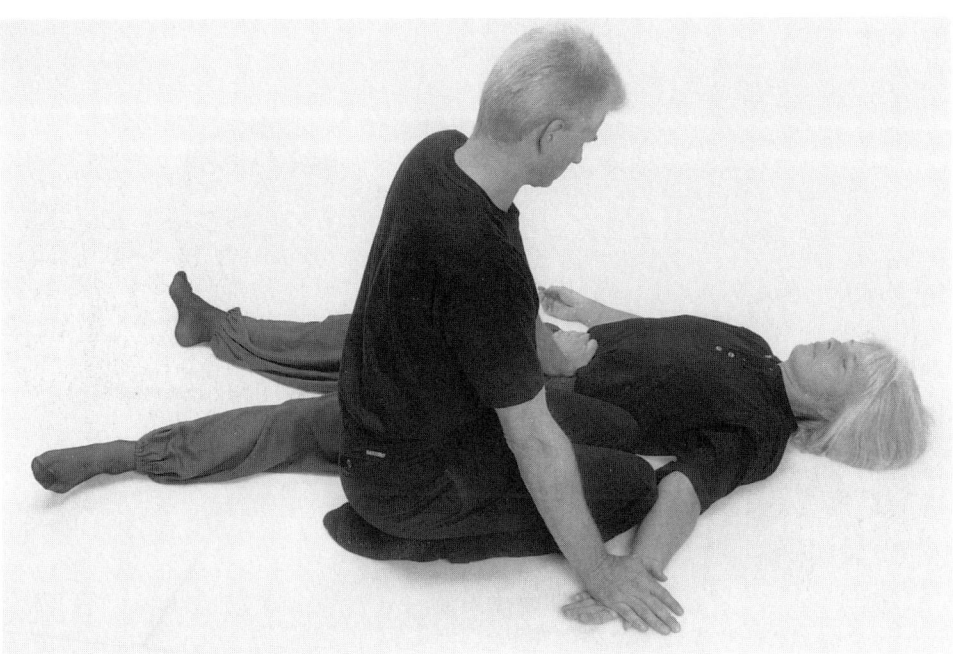

Linke Hand und Bauch halten

14

Bewegen Sie sich im Uhrzeigersinn zur linken Seite Ihrer Partnerin, ohne dabei den Körperkontakt mir ihr zu verlieren. Setzen Sie sich eng an ihre Seite, so daß Sie sie mit Ihrem linken Oberschenkel berühren. Legen Sie Ihre linke Hand ganz entspannt auf den Bauch und die rechte auf die offene Handfläche ihrer linken Hand. Halten Sie diese Position ein paar Atemzüge lang.

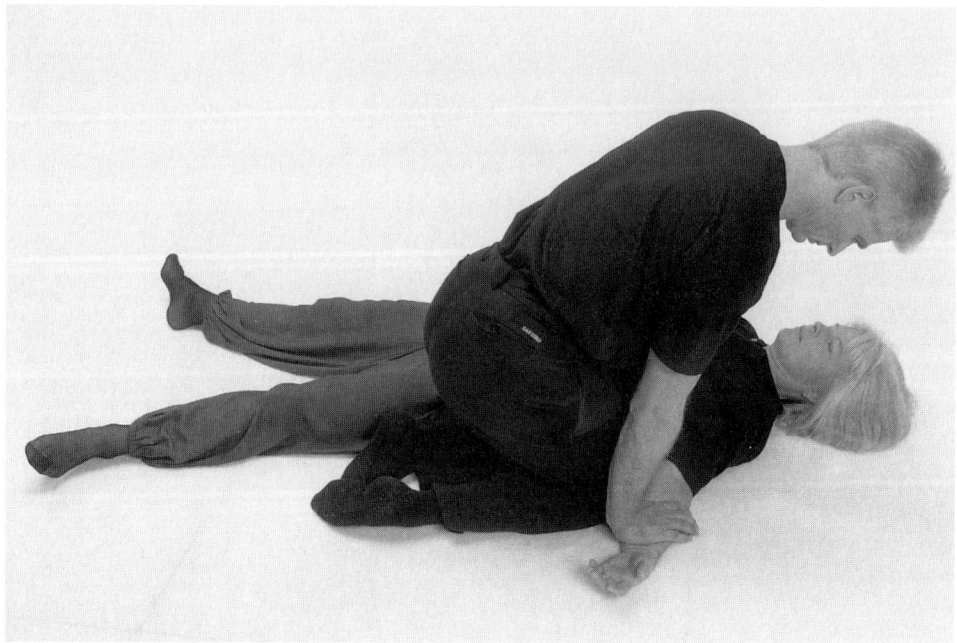

In den linken Arm hineinlehnen und hinunterstreichen

15

Lehnen Sie sich dann mit Ihrem Körpergewicht in Ihre rechte Hand hinein, und wandern Sie mit dieser von der linken Handfläche Ihrer Partnerin zu ihrer linken Schulter. Von der Schulter streichen Sie anschließend zu den Fingern hinunter und über diese hinaus. Wiederholen Sie diese Bewegungsfolge noch zwei Mal.

In beide Schultern hineinlehnen

16

Streichen Sie nun mit der rechten Hand zur linken Schulter Ihrer
Partnerin hinauf und mit der linken vom Bauchnabel zur rechten
Schulter. Lehnen Sie Ihr gesamtes Körpergewicht in die Schultern
hinein und zwar so, daß Ihre Handballen genau in die Vertiefungen
zwischen Schulter und Brust passen. Halten Sie diese Position einen
Moment lang, und lehnen Sie sich dann noch zwei Mal in die Schultern hinein.

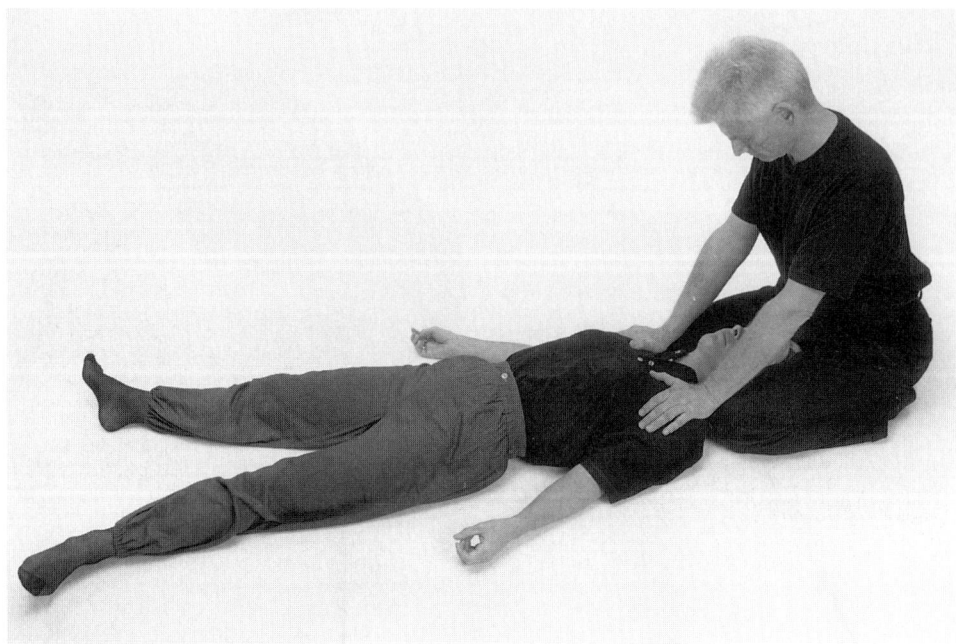

Kopf zwischen den Beinen, Hände ruhen auf den Schultern

17

Halten Sie den Körperkontakt aufrecht, während Sie sich noch einmal an das Kopfende Ihrer Partnerin begeben und sich dort so hinsetzen, daß ihr Kopf wieder eng zwischen Ihren Oberschenkeln liegt.
Lassen Sie einige Atemzüge lang Ihre Hände auf den Schultern Ihrer
Partnerin ruhen.

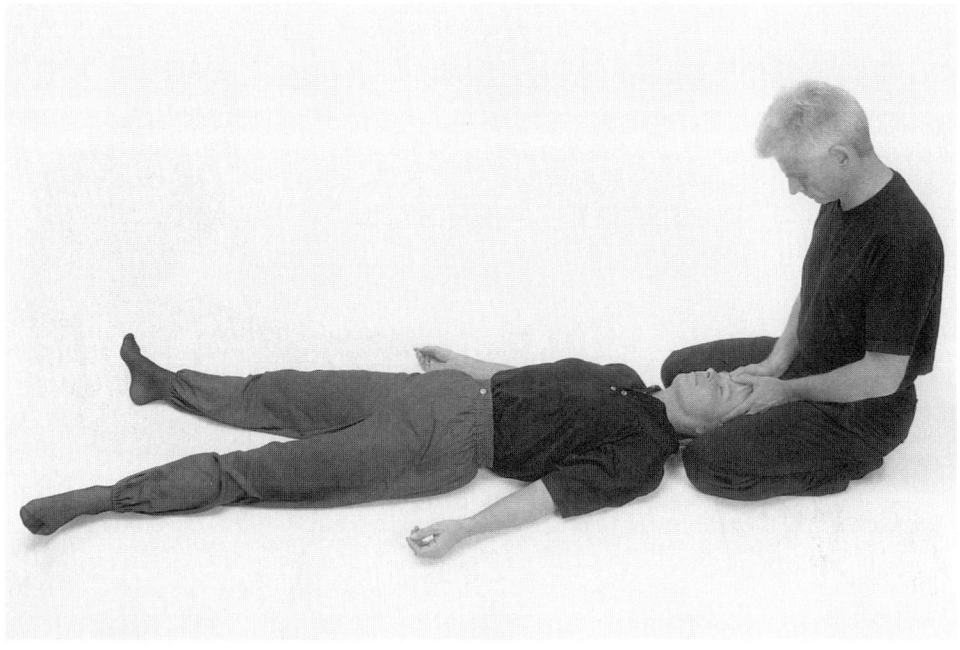

In die Kopfmitte hineinlehnen und streichen

18

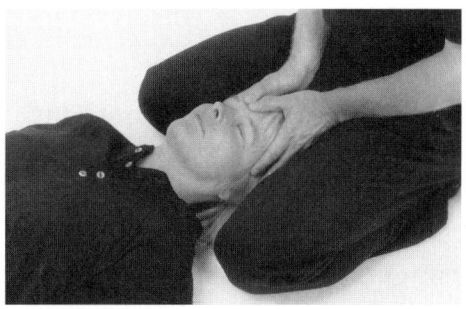

Legen Sie Ihre Daumen auf die Stirnmitte Ihrer Partnerin, und lehnen Sie sich mit einem Teil Ihres Körpergewichts nach vorne in die Daumen hinein. Bewegen Sie die Daumen nach jedem Lehnen einen Zentimeter in Richtung Schädeldach, und lehnen Sie sich einen Moment lang in die betreffende Stelle hinein. Dabei müssen Sie Ihre Beine ein wenig öffnen. Streichen Sie anschließend von der Stirnmitte bis zum Schädeldach und über die Haare hinaus. Wiederholen Sie diese Bewegungsfolge noch zwei Mal.

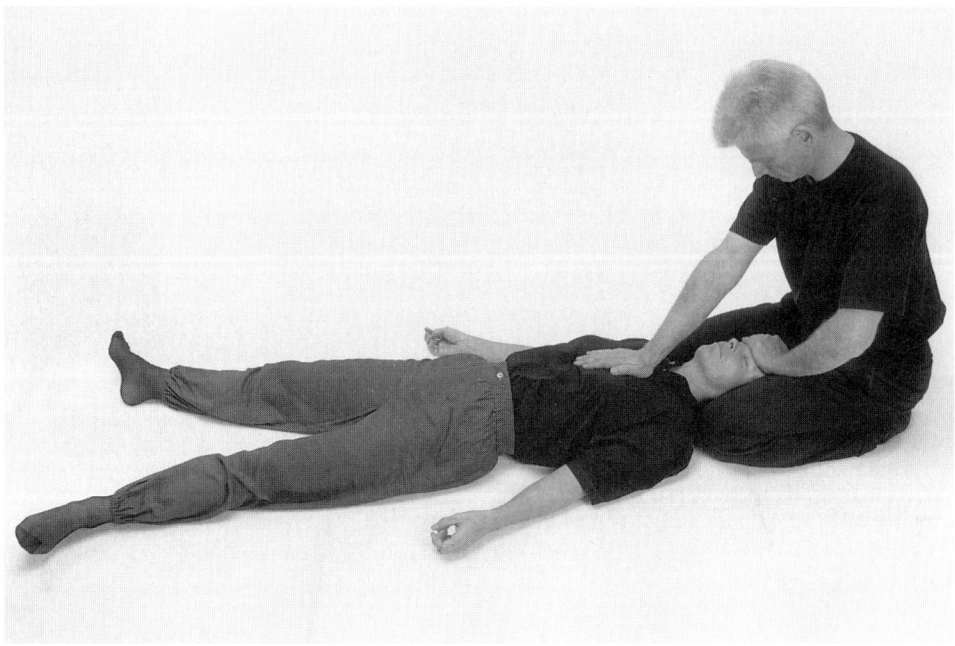

Hände ruhen auf Stirn und Brust

19

Legen Sie Ihre linke Hand auf
die Stirn Ihrer Partnerin und
Ihre rechte auf ihre Brustmit-
te. Halten Sie diese Position
einige Atemzüge lang.

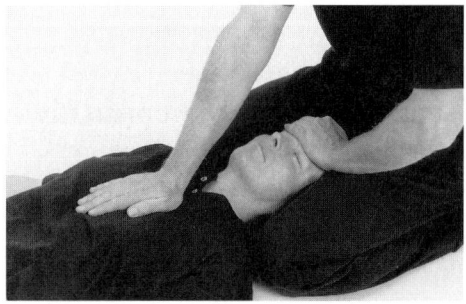

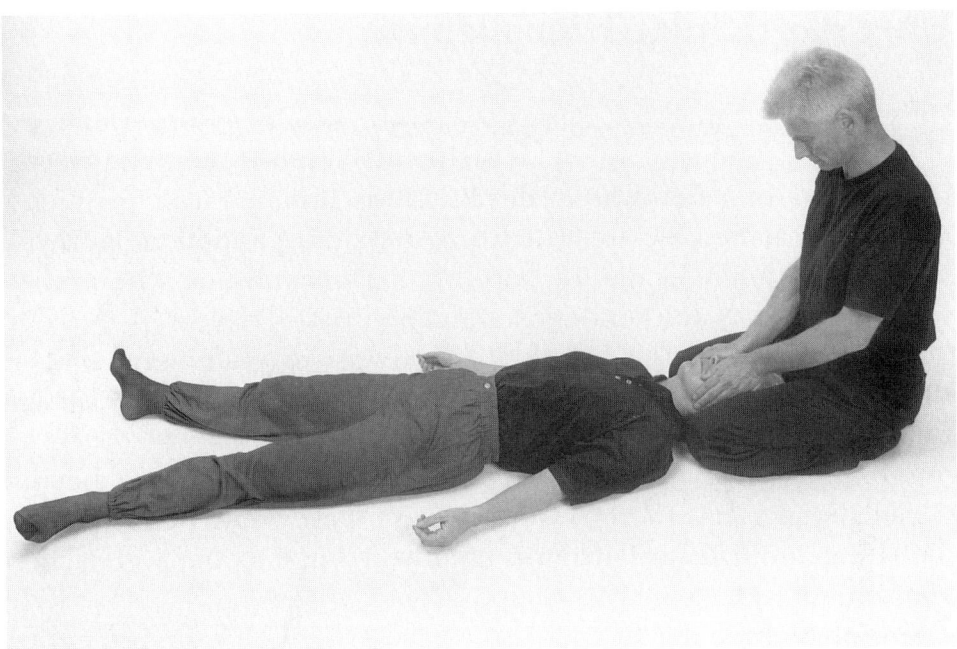

Hände ruhen auf den Augen

20

Bedecken Sie nun beide Augen Ihrer Partnerin mit Ihren Hän-den, und lassen Sie die Hände einige Atemzüge lang in dieser Position ruhen. Ziehen Sie sich dann langsam von Ihrer Part-nerin zurück, und unterbre-chen Sie den Körperkontakt.

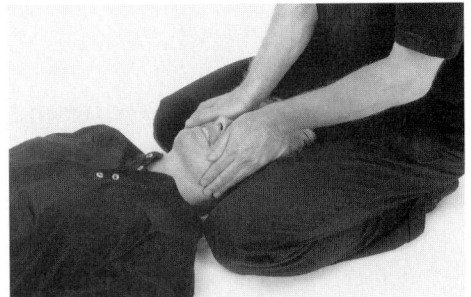

Über das richtige Hineinlehnen

Drücken Sie niemals mit der Muskelkraft einzelner Körperteile *auf* den Körper, sondern lehnen Sie sich einfach mit Ihrem natürlichen Körpergewicht *in* den Körper der Partnerin hinein. Fügen Sie nichts hinzu, aber halten Sie auch nichts zurück. Entspannen Sie sich völlig, und vertrauen Sie darauf, daß Ihre Partnerin Ihnen schon sagen wird, wenn etwas weh tut oder unangenehm ist.

Lassen Sie sich Zeit. Finden Sie einen angenehmen ruhigen Rhythmus, in dem Sie sich wohl fühlen. Vermeiden Sie ruckartige Bewegungen.

Lehnen Sie sich nur so weit vor, wie Sie es können, ohne dabei das Gleichgewicht zu verlieren. Wenn Sie auf diese Weise beispielsweise die Hüftgelenke Ihrer Partnerin nicht von den Füßen aus erreichen können, verändern Sie Ihre Sitzposition.

Spüren Sie, wie der Körper Ihrer Partnerin den Ihren unterstützt und wie er Ihnen erlaubt, diese Bewegungen auszuführen, die ja auch Ihrem eigenen Körper guttun.

Je entspannter Sie sind, desto mehr wird sich auch Ihre Partnerin entspannen können, da ihr Körper selbst die leisesten Signale von Ihnen aufnimmt und verstärkt. Auf Selbstsicherheit reagiert der andere Körper mit Entspannung, auf Angst aber mit Ablehnung und auf Kraftanwendung mit Abwehr.

Über das richtige Streichen

Streichen Sie ganz absichtslos den Körper hinunter und über den sichtbaren Körper hinaus. Erinnern Sie sich daran, daß ein Mensch nicht dort aufhört, wo die Luft auf seine Hauthülle prallt.

Streichen ist kein Streicheln, es soll die Partnerin weder erotisieren noch zum Schnurren bringen. Versuchen Sie nicht, etwas zu erreichen. Streichen Sie einfach – so wie Sie auch über das Fell eines

Haustieres streichen würden. In dieser Absichtslosigkeit kann alles geschehen.

Über das richtige Halten

Wenn Sie einen bestimmten Körperteil halten, können Sie einen Moment lang die Augen schließen und Ihren eigenen Körper spüren. Versuchen Sie nicht, zu spüren, was im Körper Ihrer Partnerin vor sich geht. Versuchen Sie nicht, Energie von sich zu ihr zu lenken oder "ihre Chakren zu laden". Konzentrieren Sie sich einfach auf die Hand, die auf dem Körper liegt, auf die Beine, die auf dem Boden sitzen, auf den Atem, der ein- und aus strömt.

Seien Sie einfach präsent. Entspannung tritt immer dann ein, wenn wir aufhören, ihr im Wege zu sein.

Es ist nicht nur die Hand, die hält, sondern der ganze Körper. Die Hand stellt lediglich den Kontakt her und ermöglicht es einem Körper, einen anderen zu spüren. Die Hand ist die Brücke, über die Energien von einem Körper in den anderen fließen – und zwar in beide Richtungen.

Zurücklehnen und strecken

*Weil ich den anderen genau so akzeptiere wie er ist,
versuche ich nicht, ihn zu beurteilen oder zu verändern.*

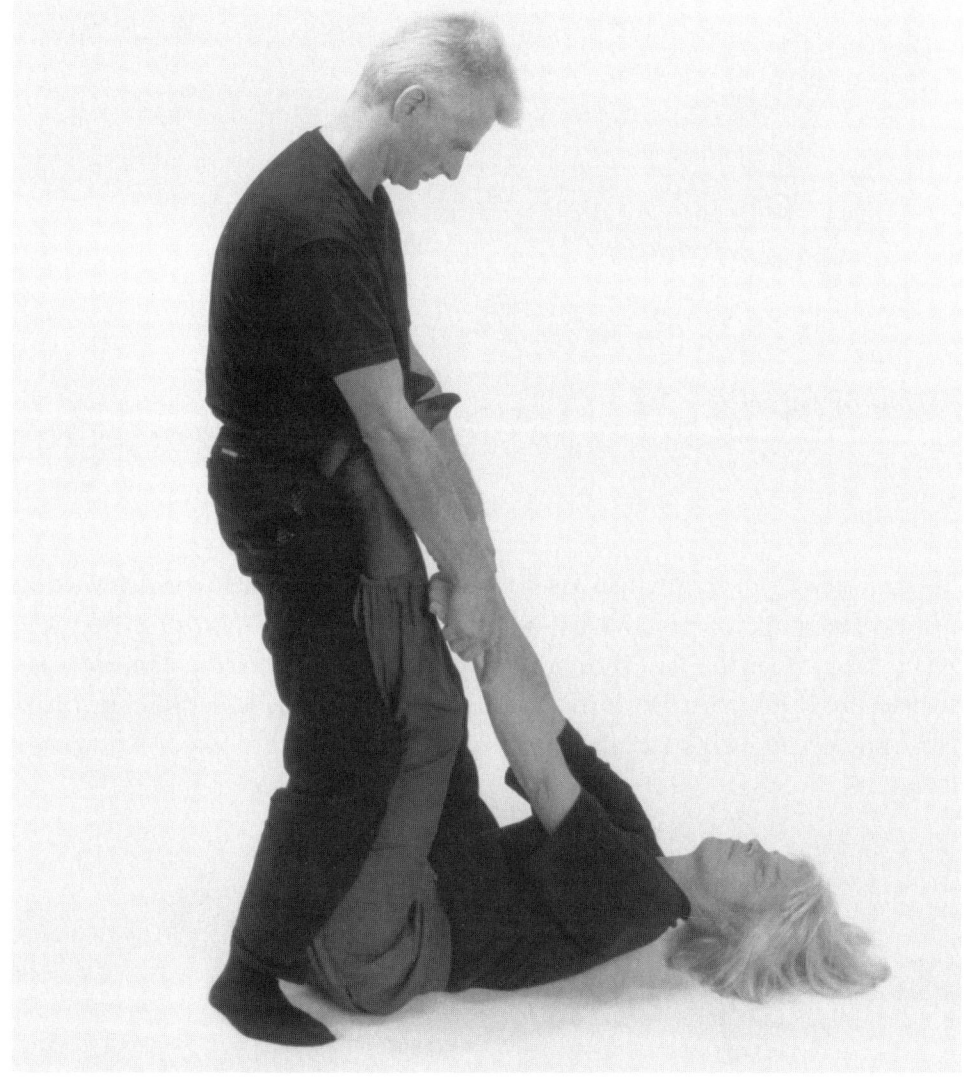

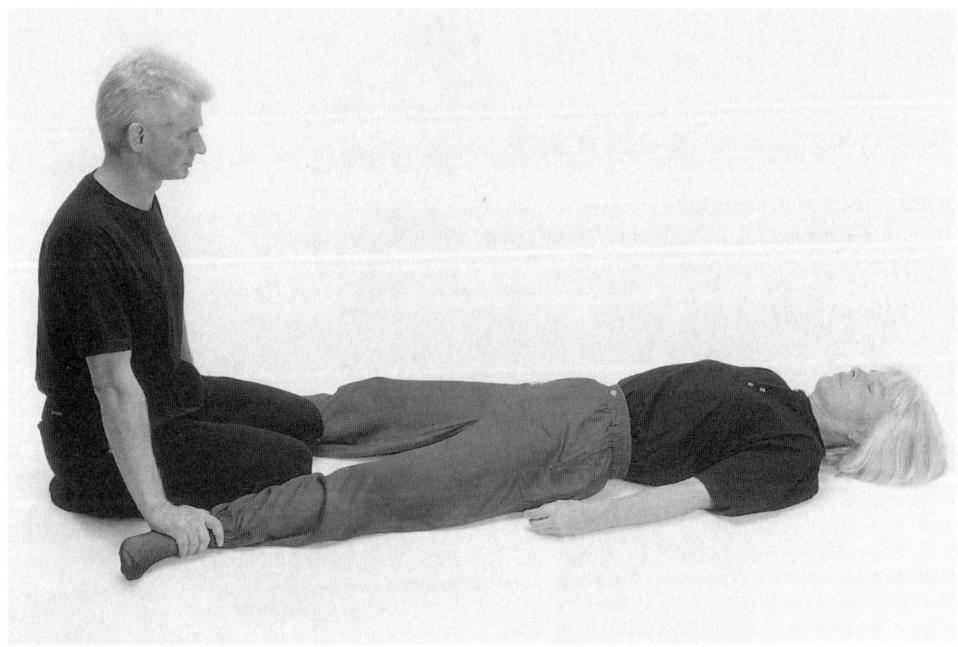

Fußgelenke halten

1

Setzen Sie sich so auf den Boden, daß sich Ihre Knie zwischen den
Füßen Ihrer Partnerin befinden und diese mit den Händen bequem
zu erreichen sind. Fassen Sie die Fußgelenke mit beiden Händen an,
so wie Sie auch den Boden berühren würden – ohne Zögern, ohne
Absicht, ohne Angst. Halten Sie diese Position ein paar Atemzüge
lang.

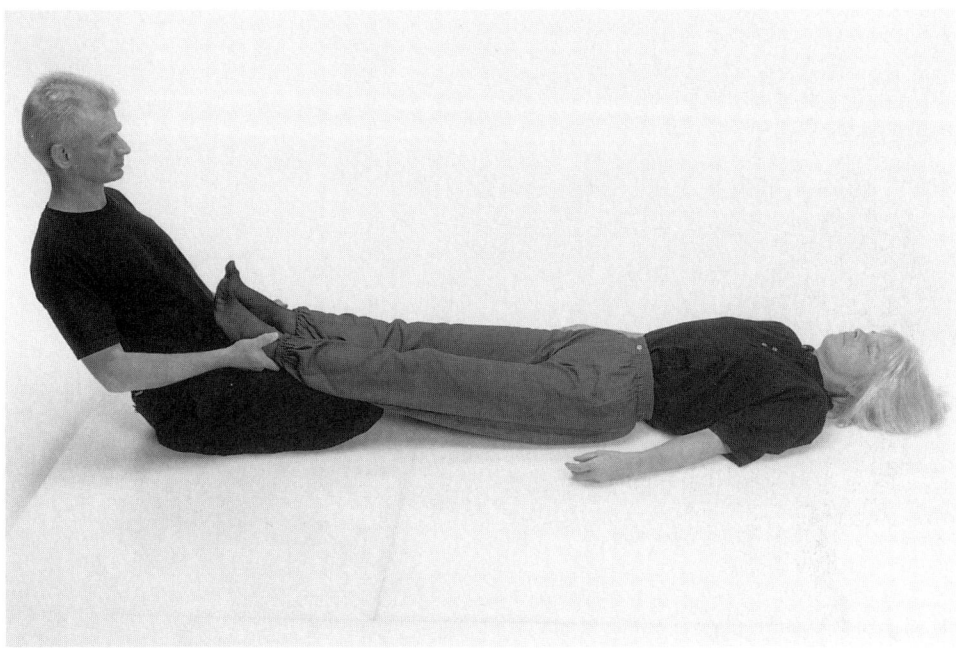

Mit beiden Füßen im Schoß vor- und zurücklehnen

2

Lehnen Sie sich nun mit dem Oberkörper nach vorne, und bringen Sie mit der Rückwärtsbewegung die Füße Ihrer Partnerin in Ihren Schoß, so daß sich die Fußsohlen in festem Kontakt mit Ihrem Bauch 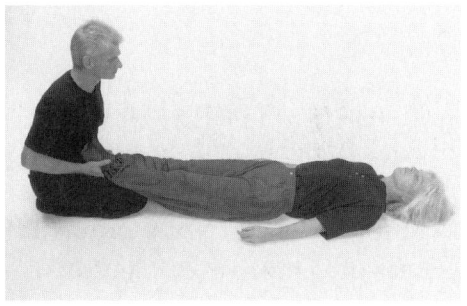 befinden. Halten Sie die Füße fest, und lehnen Sie sich mehrmals vor und zurück, so weit es Ihnen ohne Anstrengung möglich ist.

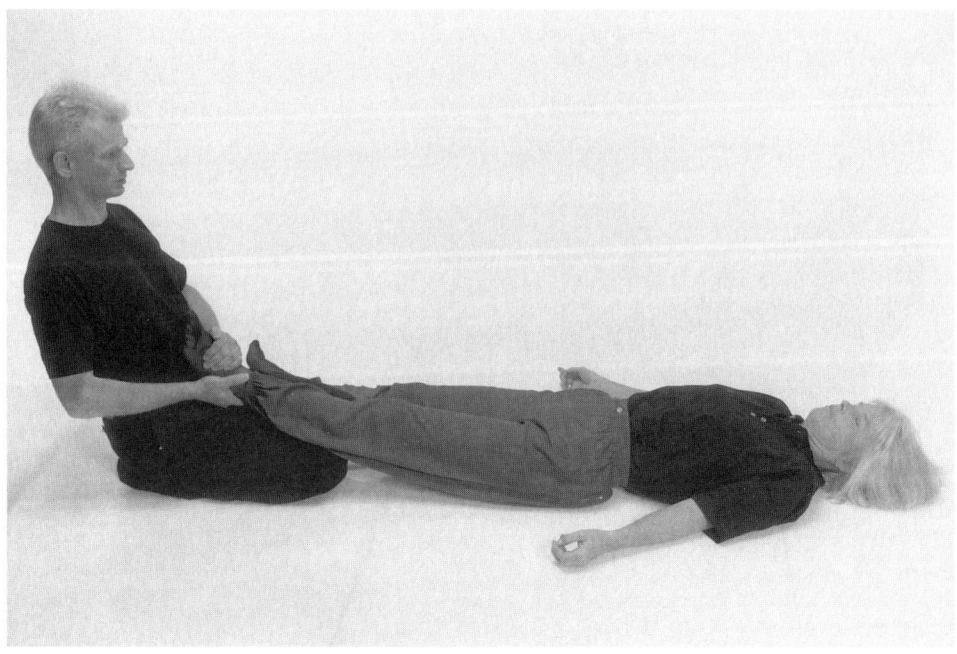

Mit dem linken Fuß im Schoß vor- und zurücklehnen

3

Lassen Sie den rechten Fuß Ihrer Partnerin auf den Boden gleiten, und halten Sie den linken weiter fest. Lehnen Sie sich wiederum mehrere Male vor und zurück, so weit es Ihnen möglich ist.

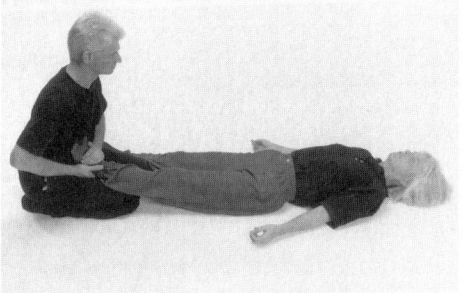

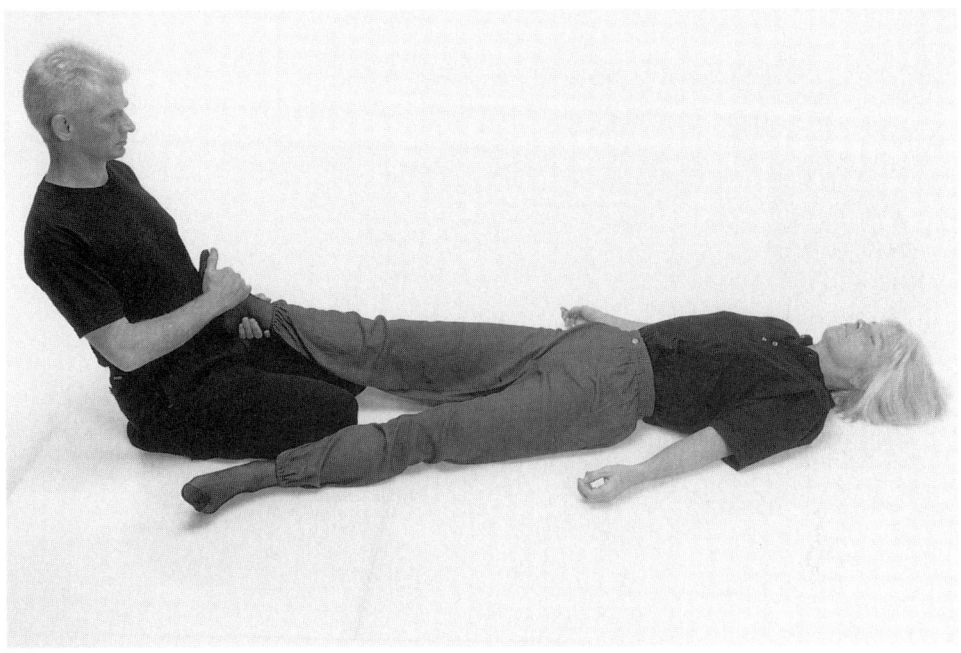

Mit dem rechten Fuß im Schoß vor- und zurücklehnen

4

Lassen Sie den linken Fuß
Ihrer Partnerin auf den Boden
gleiten, und halten Sie nun
den rechten fest. Lehnen Sie
sich mehrere Male vor und
zurück, so weit es Ihnen möglich ist.

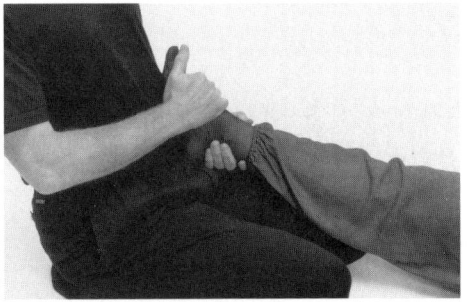

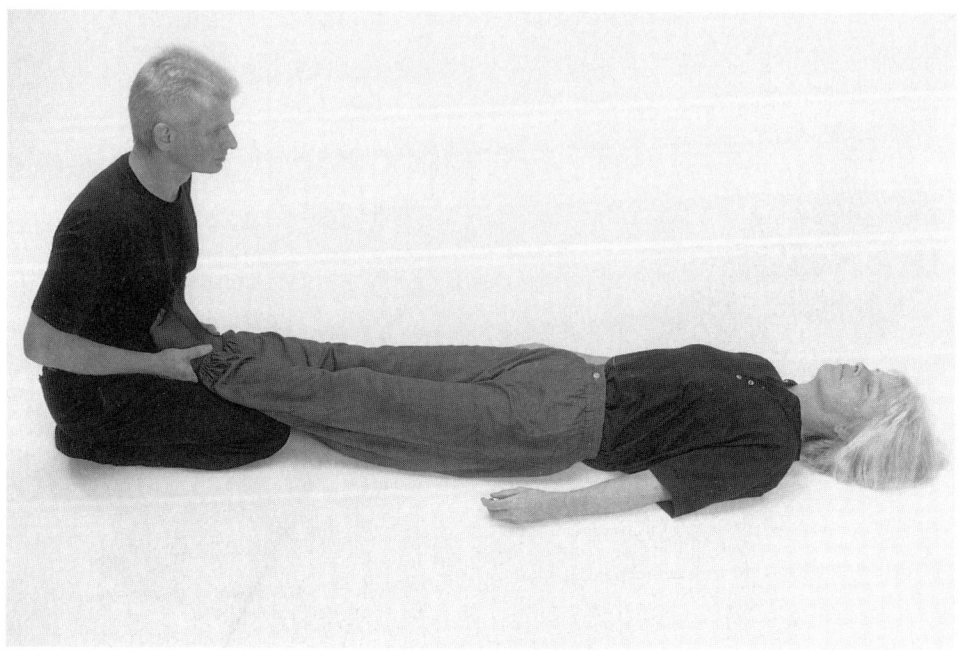

Mit beiden Füßen im Schoß vor- und zurücklehnen

5

Lassen Sie den rechten Fuß auf
den Boden gleiten, lehnen Sie
sich wieder mit dem Oberkörper nach vorne, und bringen
Sie mit der Rückwärtsbewegung erneut beide Füße Ihrer
Partnerin in Ihren Schoß, so

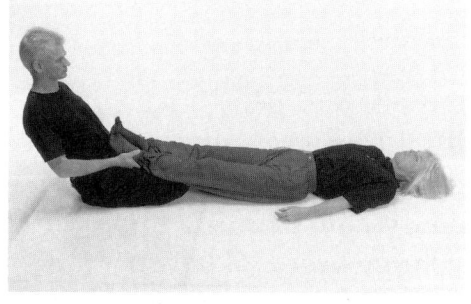

daß sich die Fußsohlen in festem Kontakt mit Ihrem Bauch befinden.
Halten Sie die Füße fest, und lehnen Sie sich mehrmals vor und
zurück, so weit es Ihnen ohne Anstrengung möglich ist.

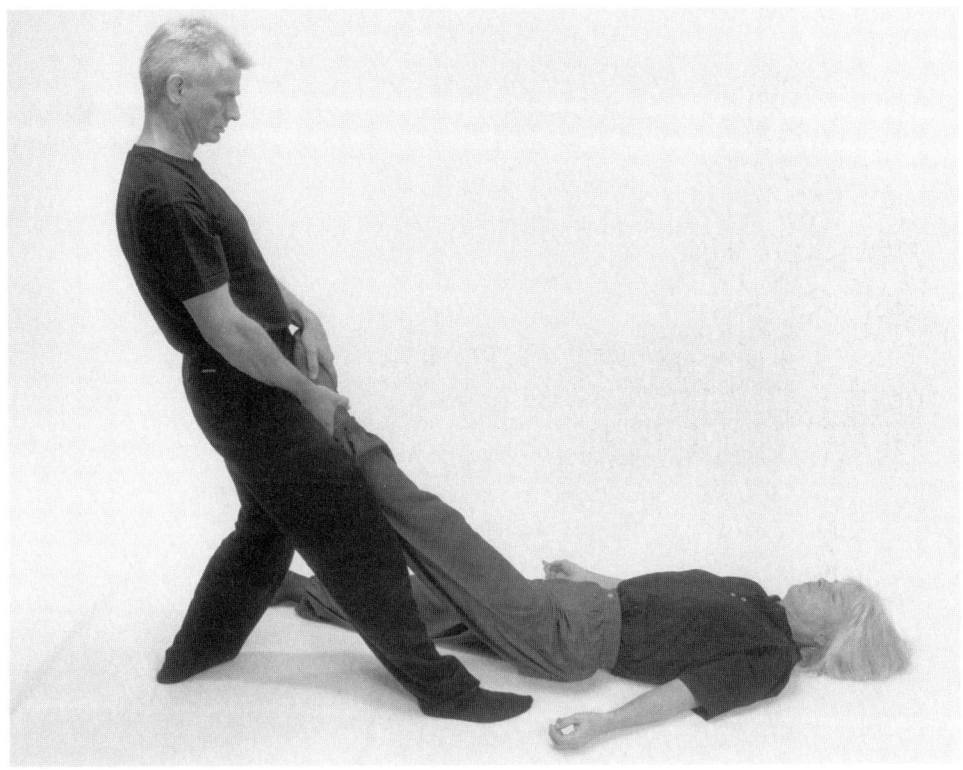

Das linke Bein strecken

6

Lassen Sie den rechten Fuß Ihrer Partnerin auf den Boden gleiten, halten Sie den linken am Fußgelenk fest, und stehen Sie mit geradem Rücken auf. Lehnen Sie sich leicht zurück, und halten Sie sich dabei so am linken Fußgelenk fest, daß Sie das linke Bein Ihrer Partnerin vom Hüftgelenk aus strecken. Halten Sie diese Position einen Moment, und wiederholen Sie das Zurücklehnen dann noch zwei Mal.

2

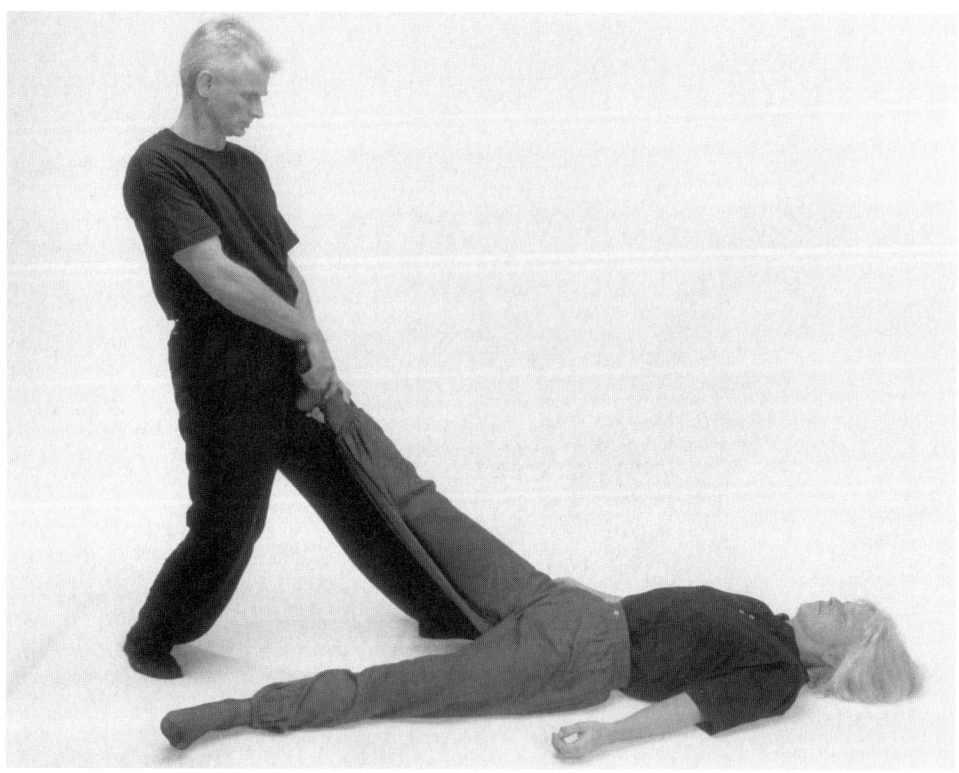

Das rechte Bein strecken

7

Lassen Sie sich auf ein Knie nieder, legen Sie das linke Bein Ihrer Partnerin auf den Boden, fassen Sie das rechte Bein am Fußgelenk, und stehen Sie mit geradem Rücken wieder auf. Lehnen Sie sich leicht zurück und halten Sie sich dabei so am rechten Fußgelenk fest, daß Sie das rechte Bein Ihrer Partnerin vom Hüftgelenk aus strecken. Halten Sie diese Position einen Moment, und wiederholen Sie das Zurücklehnen dann noch zwei Mal.

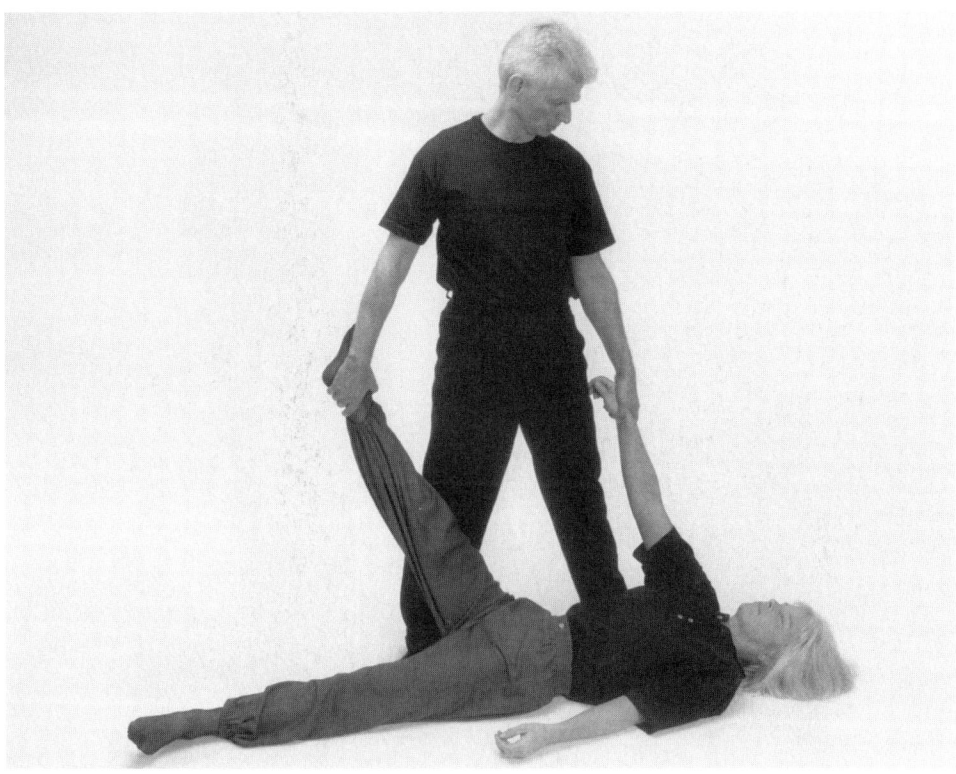

Den rechten Arm und das rechte Bein strecken

8

Halten Sie das rechte Bein weiterhin mit ihrer rechten Hand, und bewegen Sie sich im Uhrzeigersinn zur rechten Körperseite Ihrer Partnerin, ohne dabei den Körperkontakt zu verlieren. Lassen Sie sich auf ein Knie nieder, und ergreifen sie mit Ihrer linken Hand die rechte Hand Ihrer Partnerin. Stehen Sie mit geradem Rücken auf, und halten Sie den rechten Arm und das rechte Bein Ihrer Partnerin. Sollten Sie das Gefühl haben, die Streckung sei noch nicht ausreichend, stellen Sie sich einfach auf die Zehenspitzen.

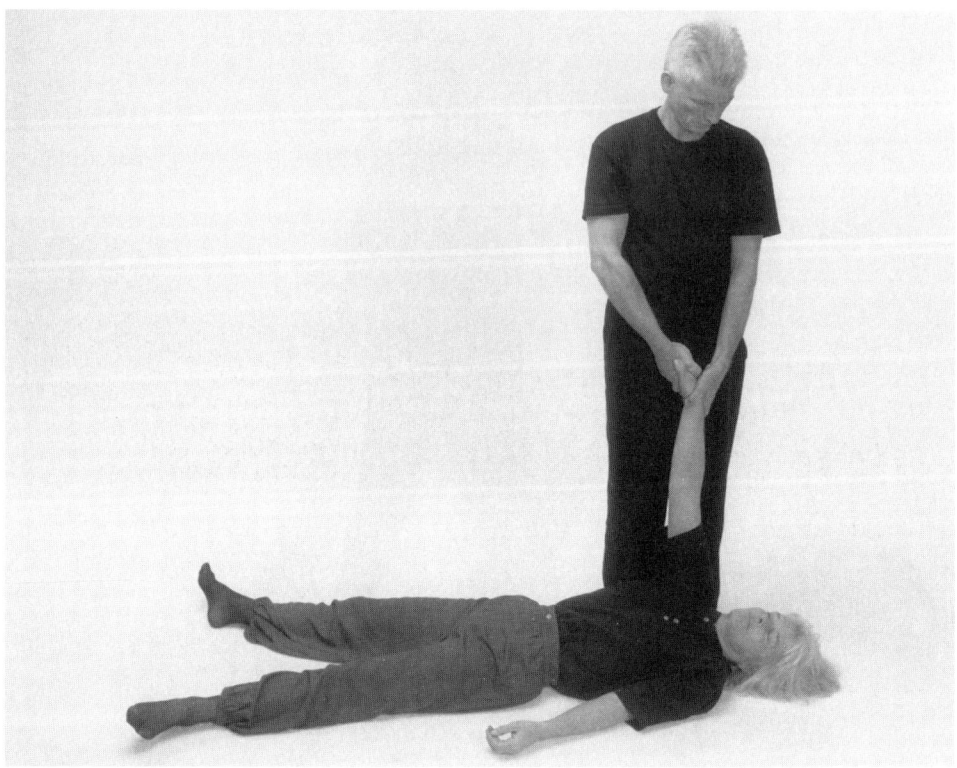

Den rechten Arm strecken

9

Lassen Sie das rechte Bein zurück auf den Boden sinken, indem Sie
sich mit geradem Rücken auf ein Knie niederlassen. Ergreifen Sie die
rechte Hand Ihrer Partnerin mit beiden Händen, und stehen Sie mit
geradem Rücken wieder auf. Ihre Füße schieben Sie unter die rechte Schulter Ihrer Partnerin. Strecken Sie den rechten Arm Ihrer Partnerin vom Schultergelenk aus, indem Sie sich einfach auf die Zehenspitzen stellen. Halten Sie diese Position einen Moment, und wiederholen Sie die Bewegung dann noch zwei Mal.

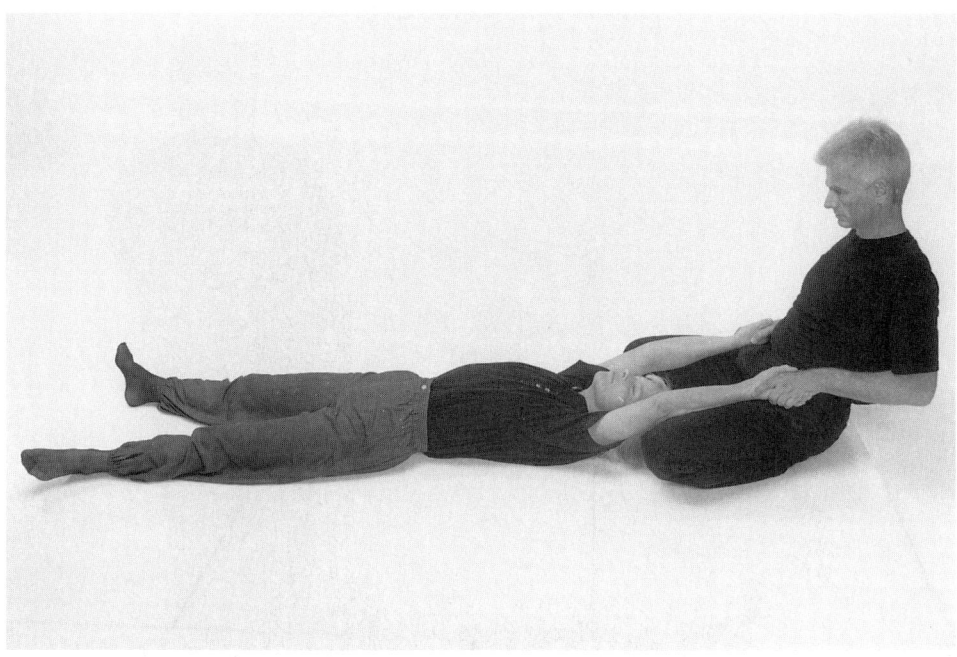

Beide Arme über den Kopf strecken

10

Lassen Sie sich auf ein Knie nieder, legen Sie den rechten Arm auf
den Boden, und bewegen Sie sich im Uhrzeigersinn zum Kopfende
Ihrer Partnerin, ohne dabei den Körperkontakt zu verlieren. Knien
Sie sich wieder hin, und ergreifen Sie beide Hände. Lehnen Sie sich
so weit zurück, wie es Ihnen ohne Anstrengung möglich ist, so daß
Sie die Arme Ihrer Partnerin über ihren Kopf strecken. Halten Sie
diese Position einen Moment, und wiederholen Sie das Zurücklehnen dann noch zwei Mal.

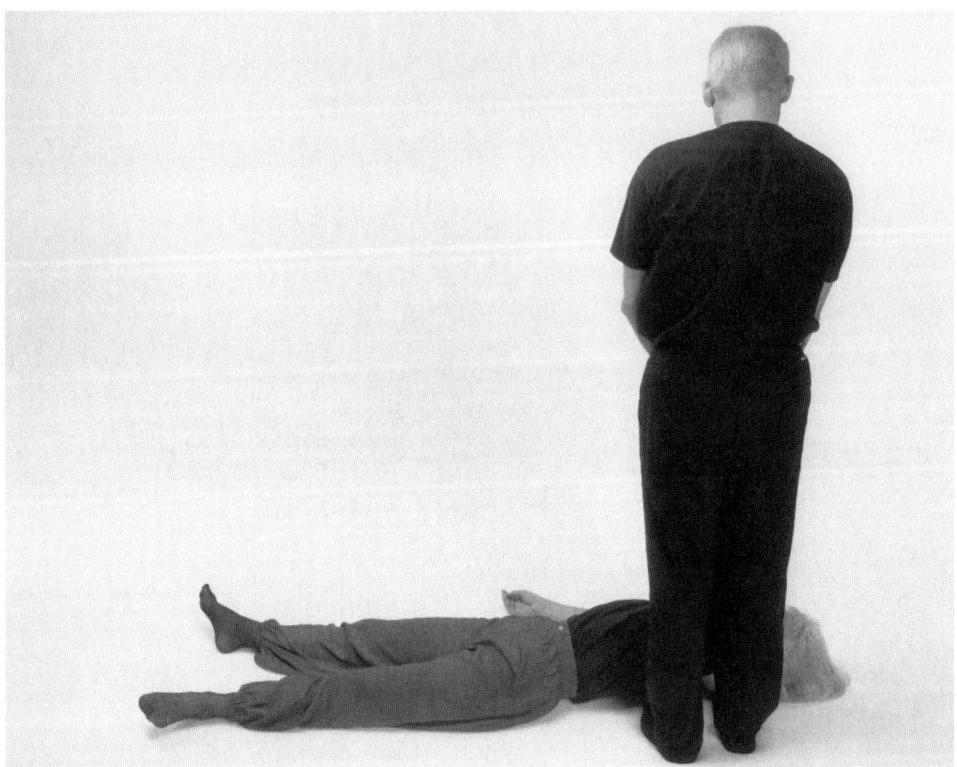

Den linken Arm strecken

11

Legen Sie beide Arme wieder neben dem Körper auf den Boden,
und bewegen Sie sich im Uhrzeigersinn weiter zur linken Körperseite Ihrer Partnerin, ohne dabei den Körperkontakt zu verlieren.
Ergreifen Sie die linke Hand Ihrer Partnerin mit beiden Händen,
und stehen Sie mit geradem Rücken auf. Ihre Füße schieben Sie
unter die linke Schulter Ihrer Partnerin. Strecken Sie nun den linken Arm Ihrer Partnerin vom Schultergelenk aus, indem Sie sich einfach auf die Zehenspitzen stellen. Halten Sie diese Position einen
Moment, und wiederholen Sie die Bewegung dann noch zwei Mal.

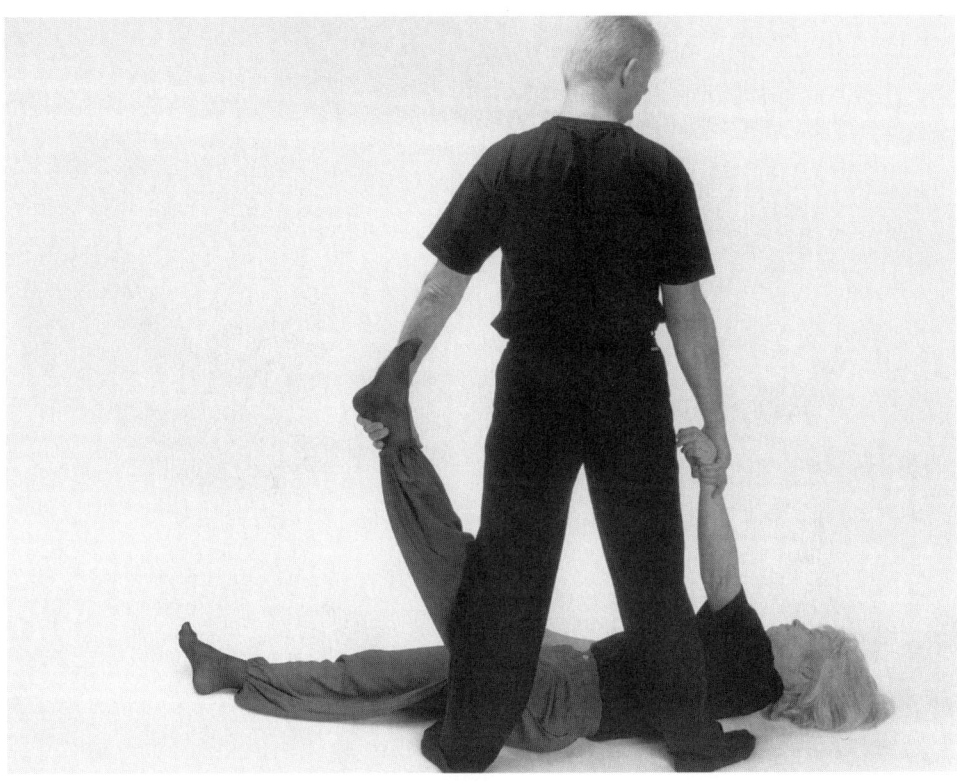

Den linken Arm und das linke Bein strecken

12

Halten Sie weiterhin die linke Hand Ihrer Partnerin mit Ihrer rechten Hand. Lassen Sie sich auf ein Knie nieder, und ergreifen sie mit
Ihrer linken Hand den linken Fuß Ihrer Partnerin. Stehen Sie mit
geradem Rücken wieder auf, und halten Sie den linken Arm und
das linke Bein Ihrer Partnerin. Sollten Sie das Gefühl haben, die
Streckung sei noch nicht ausreichend, stellen Sie sich einfach auf die
Zehenspitzen.

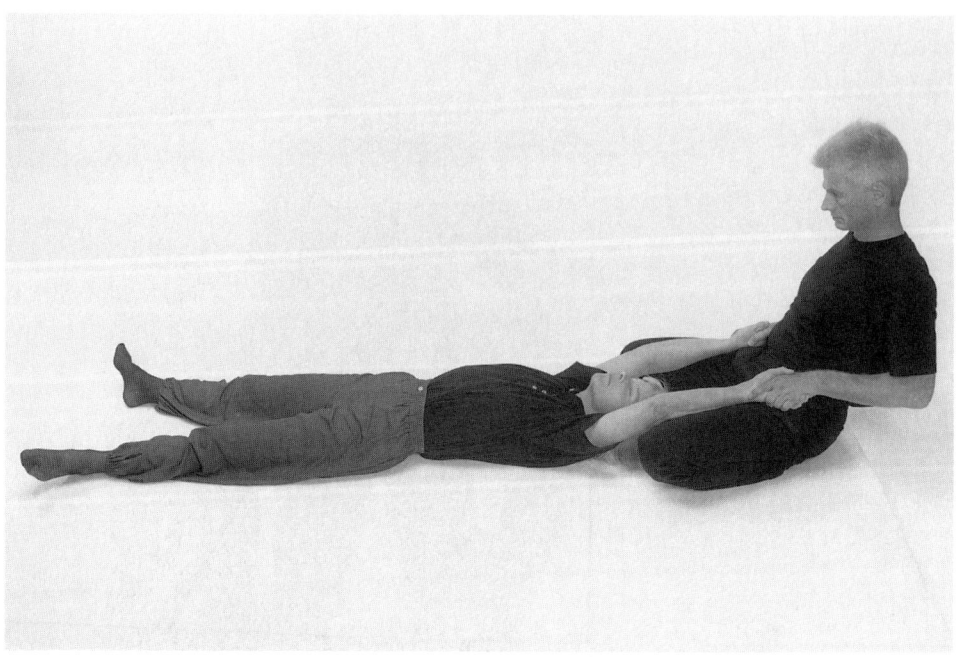

Beide Arme über den Kopf strecken

13

Lassen Sie sich auf ein Knie nieder, legen Sie den linken Fuß auf den
Boden, halten Sie die linke Hand Ihrer Partnerin mit Ihrer rechten,
und bewegen Sie sich zurück zum Kopfende Ihrer Partnerin, ohne
dabei den Körperkontakt zu verlieren. Wechseln Sie dabei den Griff,
so daß Sie die linke Hand Ihrer Partnerin nun mit Ihrer linken halten. Knien Sie sich wieder hin, und ergreifen Sie auch die rechte
Hand Ihrer Partnerin. Lehnen Sie sich so weit zurück, wie es Ihnen
ohne Anstrengung möglich ist, so daß Sie die Arme Ihrer Partnerin
über ihren Kopf strecken. Halten Sie diese Position einen Moment,
und wiederholen Sie das Zurücklehnen dann noch zwei Mal.

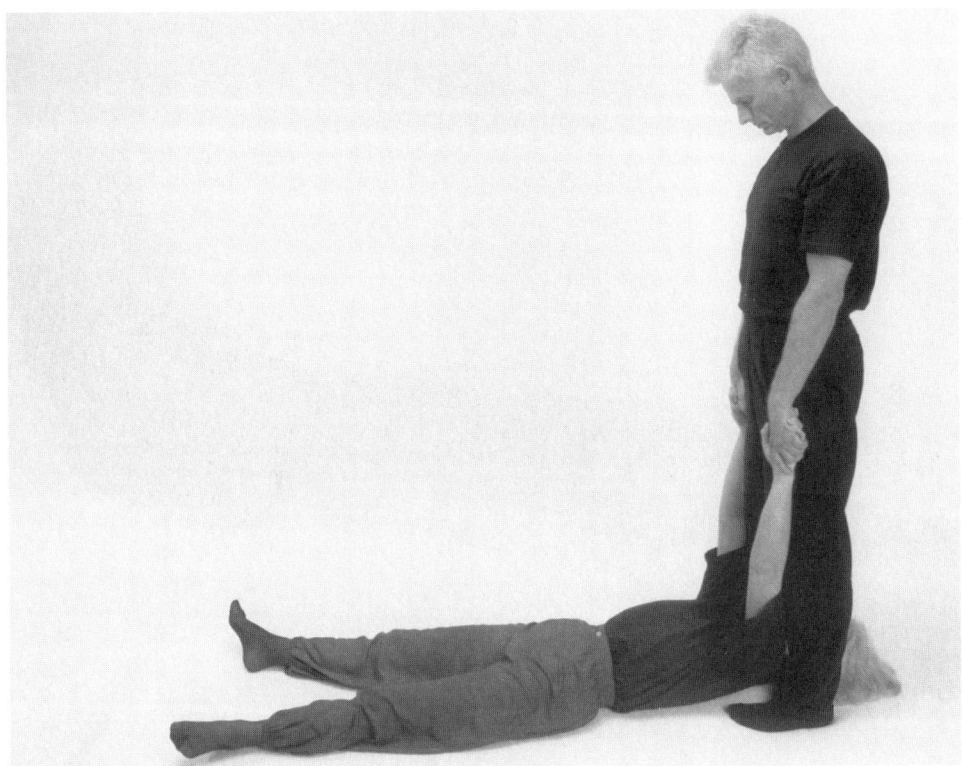

Beide Arme nach oben strecken

14

Halten Sie weiterhin die Hände Ihrer Partnerin fest, und stehen Sie mit geradem Rücken auf. Die Innenseiten Ihrer Füße befinden sich in leichtem Kontakt mit dem Kopf Ihrer Partnerin, und Ihre Zehen schieben sich unter ihre Schultern. Strecken Sie beide Arme Ihrer Partnerin vom Schultergelenk aus, indem Sie sich einfach auf die Zehenspitzen stellen. Halten Sie diese Position einen Moment, und wiederholen Sie die Bewegung dann noch zwei Mal.

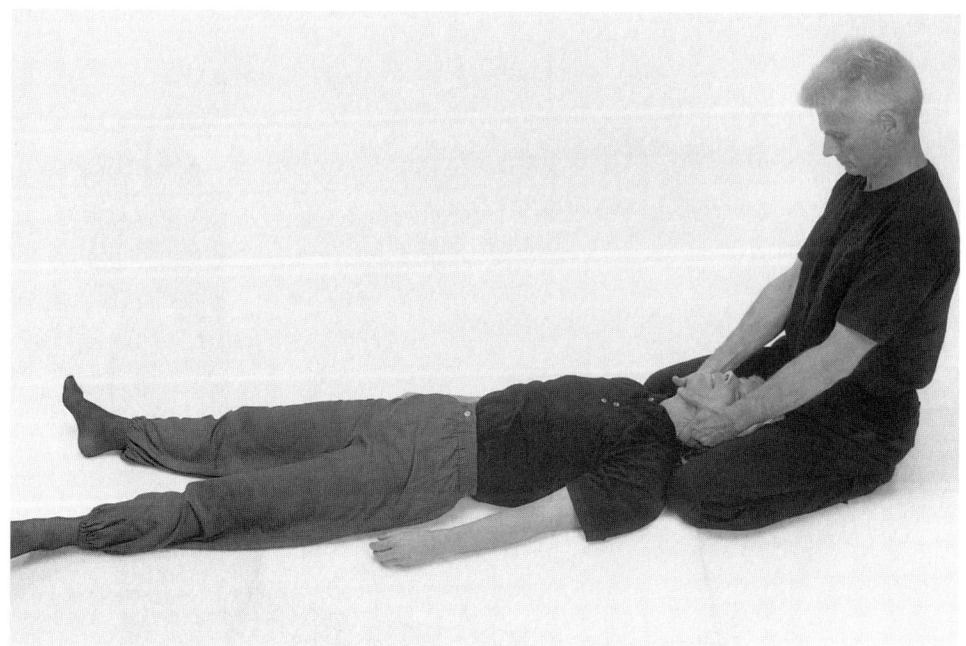

Zurücklehnen und Kopf strecken

15

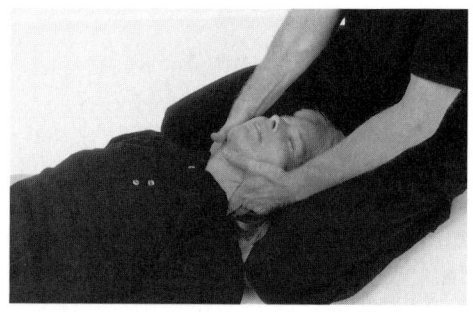

Knien Sie sich wieder hin, so
daß sich der Kopf Ihrer Partnerin nun zwischen Ihren
Oberschenkeln befindet und
Ihre Knie leicht die Schultern
berühren. Legen Sie die Arme
wieder auf den Boden, und
schieben Sie beide Handflächen so unter den Nacken Ihrer Partnerin, daß die Daumen leichten Kontakt mit dem Unterkiefer haben.
Lehnen Sie sich nun so weit zurück, wie es Ihnen der Körper Ihrer
Partnerin und Ihr eigener erlauben. Halten Sie diese Position einen
Moment, und wiederholen Sie das Zurücklehnen dann noch zwei
Mal.

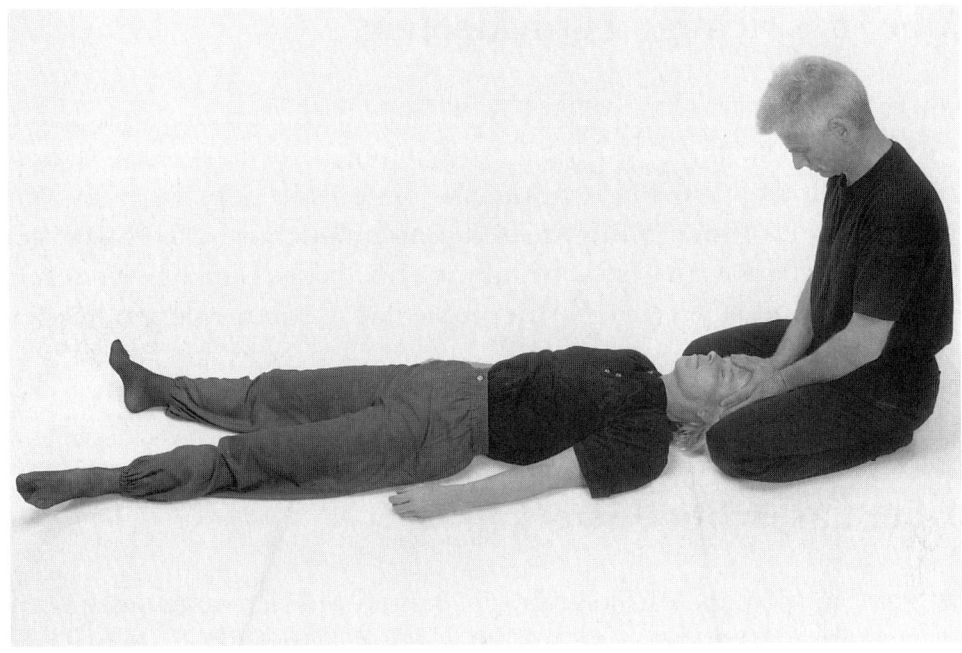

Beide Hände ruhen auf dem Schädel

16

Anschließend legen Sie den Kopf zurück auf den Boden, so daß er mit etwas Abstand zwischen Ihren Oberschenkeln ruht. Bedecken Sie nun den Schädel mit Ihren Händen, so daß die Fingerspitzen die

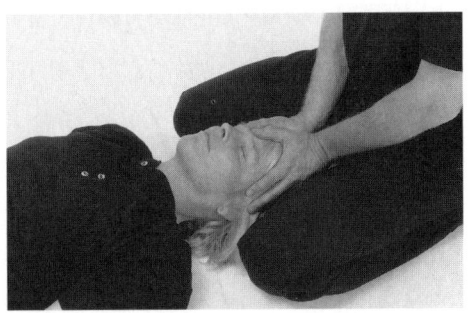

Schläfen berühren. Lassen Sie die Hände einige Atemzüge lang in dieser Position ruhen. Ziehen Sie sich dann langsam von Ihrer Partnerin zurück, und unterbrechen Sie den Körperkontakt.

Über das richtige Zurücklehnen

Zurücklehnen ist kein Reißen und auch kein Zerren. Ziehen Sie nicht mit Muskelkraft an den Extremitäten Ihrer Partnerin, halten Sie sich einfach an ihnen fest, und lehnen Sie sich dann so weit zurück, wie es Ihnen ohne Anstrengung möglich ist. Das Körpergewicht Ihrer Partnerin wird verhindern, daß Sie das Gleichgewicht verlieren. So unterstützt Ihre Partnerin Sie darin, Ihren eigenen Körper zu strecken und zu entspannen.

Über das richtige Strecken

Setzen Sie niemals Muskelkraft ein, halten Sie sich statt dessen am Körper Ihrer Partnerin fest, und bewegen Sie Ihren ganzen Körper. So wird jede Bewegung für Sie zu einem Vergnügen und strengt nicht an. Der Körper Ihrer Partnerin wird einfach dadurch gestreckt, daß Sie Ihren eigenen strecken.

Über das richtige Aufstehen

Stehen Sie immer mit geradem Rücken auf. Beugen Sie die Knie, nicht den Rücken. Lassen Sie sich zunächst auf ein Knie nieder, dann auf beide. Lassen Sie die Beine arbeiten, nicht den Rücken.

Schütteln und rollen

Je entspannter ich bin,
desto mehr kann sich auch mein Partner entspannen.

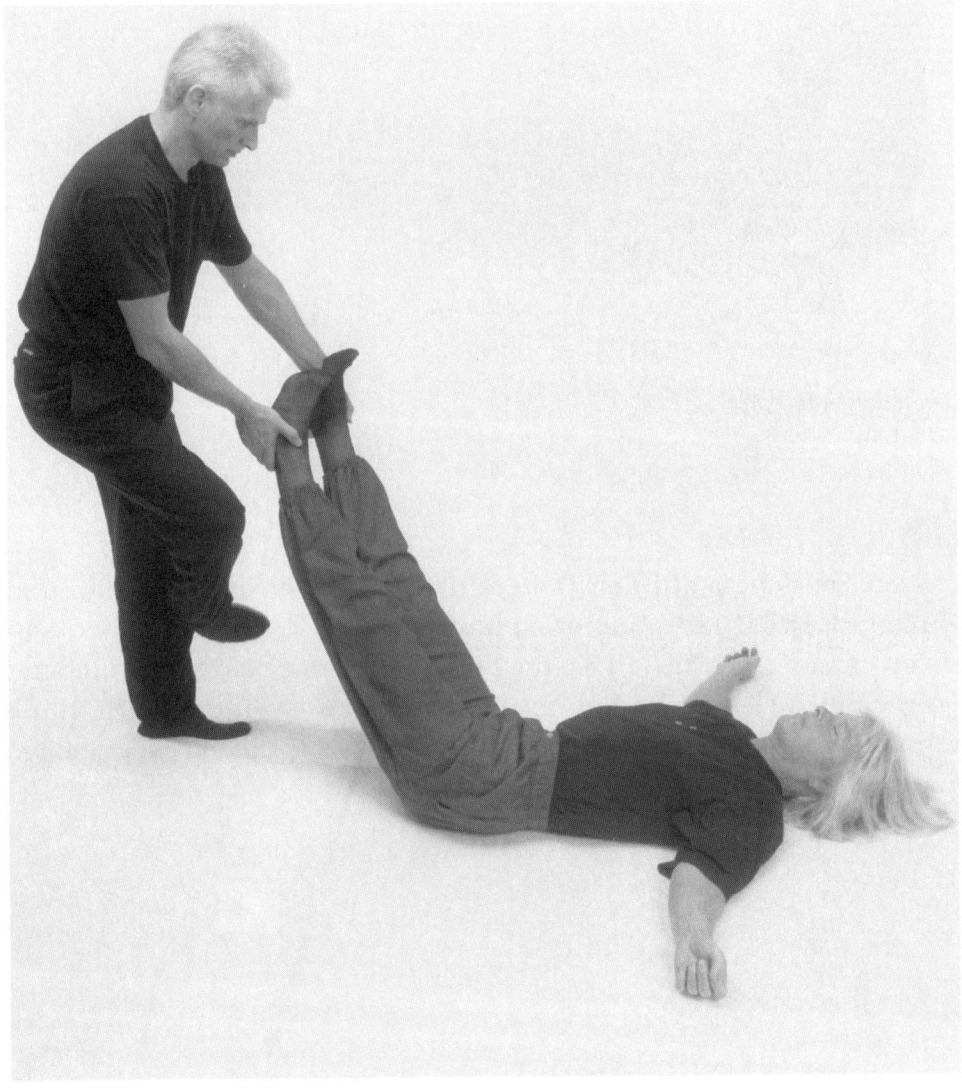

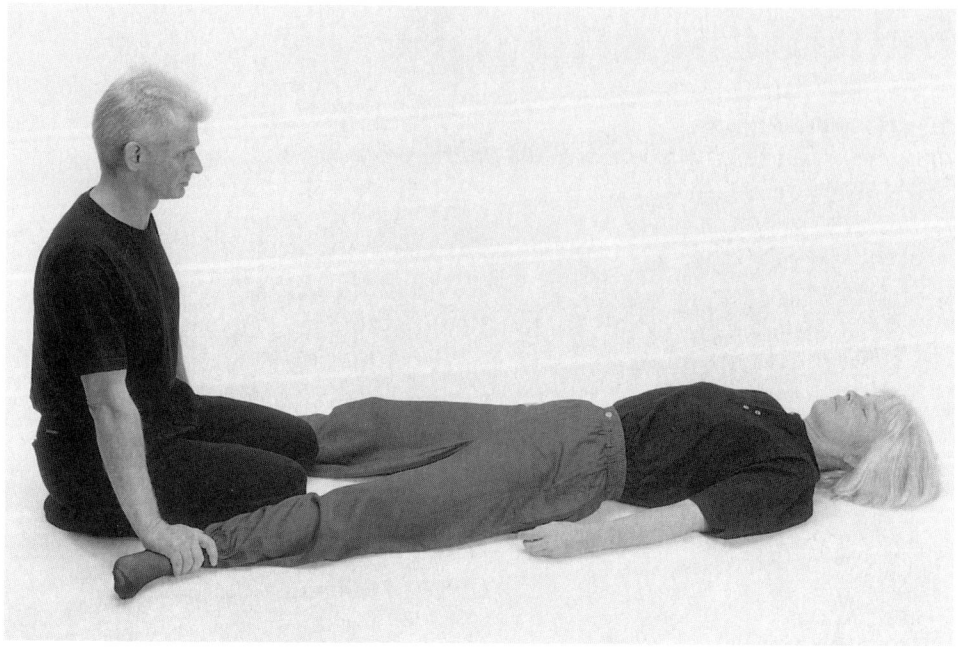

Fußgelenke halten

1

Setzen Sie sich so auf den Boden, daß sich Ihre Knie zwischen den
Füßen Ihrer Partnerin befinden und diese mit den Händen bequem
zu erreichen sind. Fassen Sie die Fußgelenke mit beiden Händen an,
so wie Sie auch den Boden berühren würden – ohne Zögern, ohne
Absicht, ohne Angst. Halten Sie diese Position ein paar Atemzüge
lang.

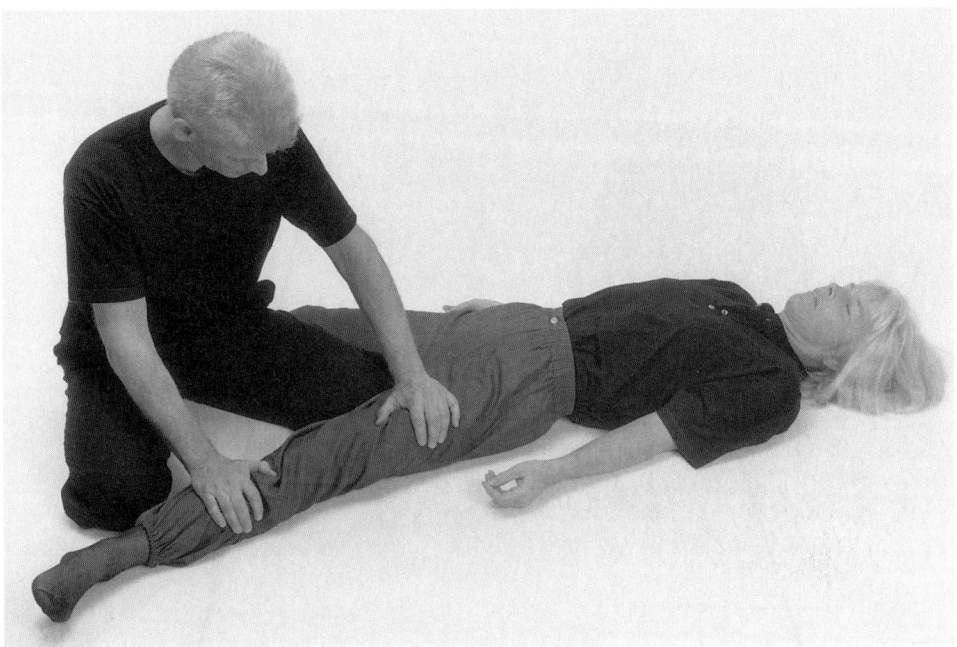

Linkes Bein rollen

2

Bewegen Sie sich etwas nach vorne, öffnen Sie die Beine Ihrer Part-
nerin ein wenig, und drehen Sie sich etwas nach rechts. Legen Sie
Ihre linke Hand auf den linken Oberschenkel Ihrer Partnerin und
Ihre rechte auf ihren linken Unterschenkel. Rollen Sie dann das lin-
ke Bein Ihrer Partnerin einige Zeit lang auf dem Boden hin und her.
Lehnen Sie sich dabei vor und zurück.

3

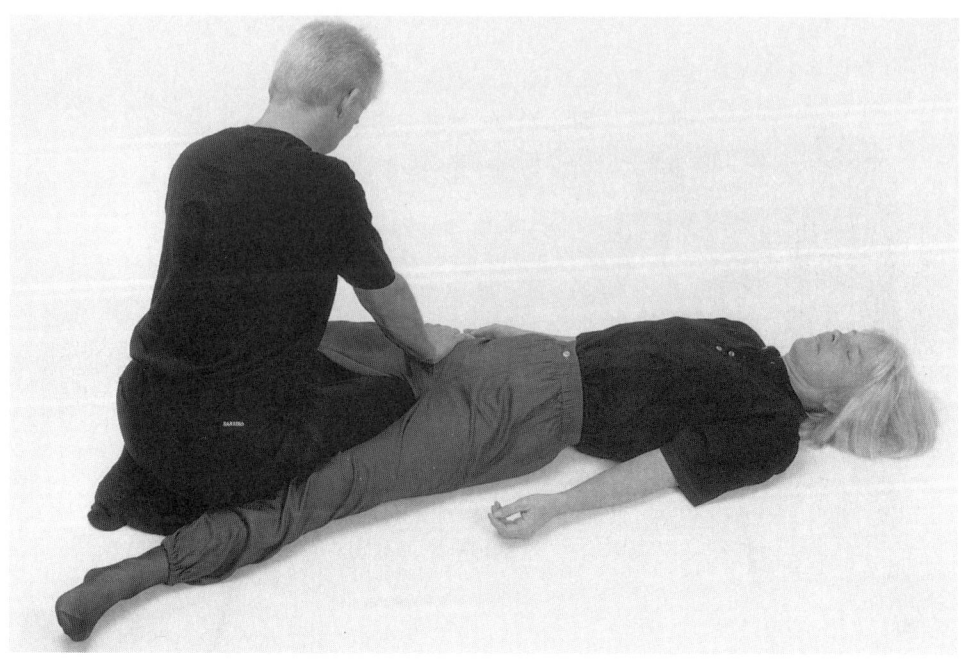

Rechtes Bein rollen

3

Drehen Sie sich nach links, und legen Sie Ihre rechte Hand auf den rechten Oberschenkel Ihrer Partnerin und Ihre linke auf ihren rechten Unterschenkel. Rollen Sie das rechte Bein Ihrer Partnerin einige Zeit lang auf dem Boden hin und her. Lehnen Sie sich dabei vor und zurück.

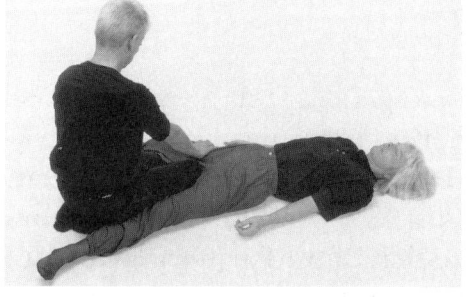

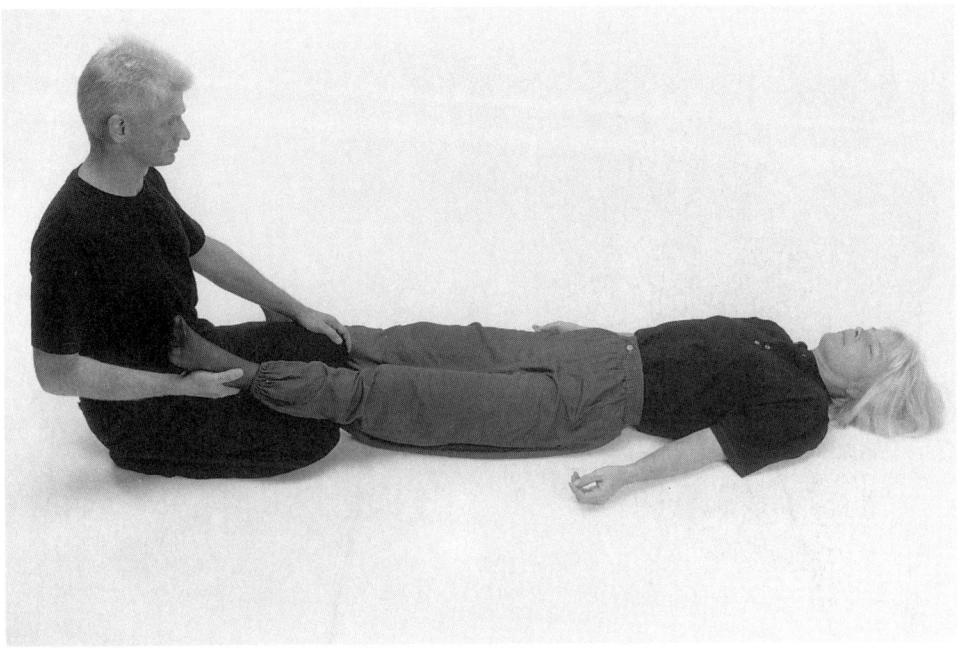

Linkes Bein schütteln

4

Bewegen Sie sich zurück zu den Fußgelenken. Fassen Sie das linke Fußgelenk Ihrer Partnerin mit beiden Händen, lehnen Sie sich mit dem Oberkörper nach vorne, und bringen Sie mit der Rückwärtsbewegung den linken Fuß in Ihren Schoß. Lehnen Sie sich etwas zurück, lösen Sie den Griff Ihrer linken Hand, und beginnen Sie, Ihre rechte Hand aus dem Handgelenk heraus hin- und herzudrehen. Dadurch wird das linke Bein Ihrer Partnerin anfangen zu schütteln.

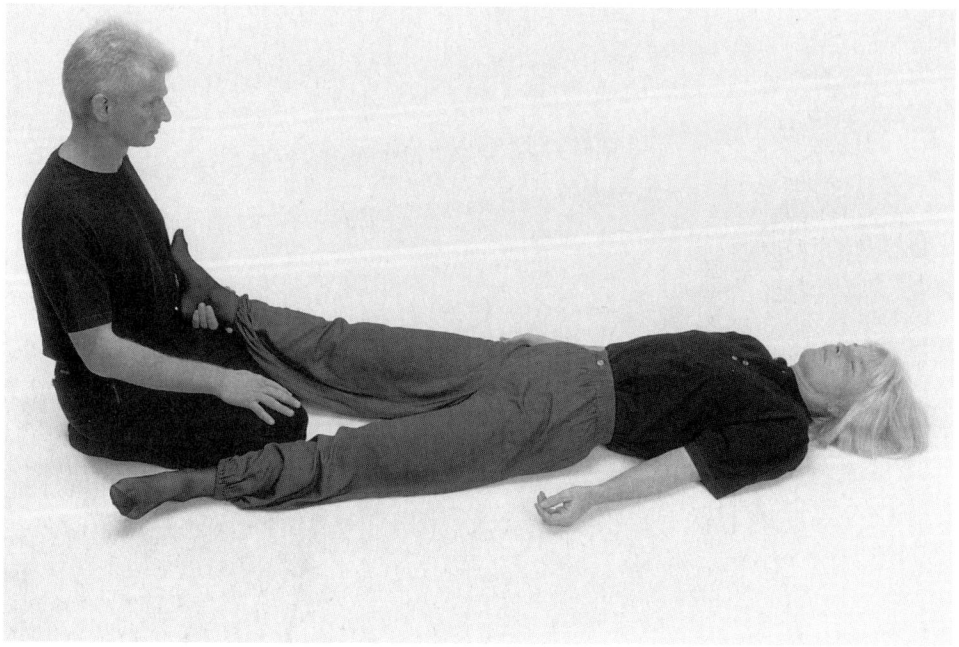

Rechtes Bein schütteln

5

Legen Sie das linke Bein wieder auf den Boden. Fassen Sie dann das rechte Fußgelenk Ihrer Partnerin mit beiden Händen, lehnen Sie sich nun mit dem Oberkörper nach vorne, und bringen Sie mit der Rückwärtsbewegung den rechten Fuß in Ihren Schoß. Lehnen Sie sich etwas zurück, lösen Sie den Griff Ihrer rechten Hand, und beginnen Sie, Ihre linke Hand aus dem Handgelenk heraus hin- und herzudrehen. Dabei wird das rechte Bein Ihrer Partnerin anfangen zu schütteln.

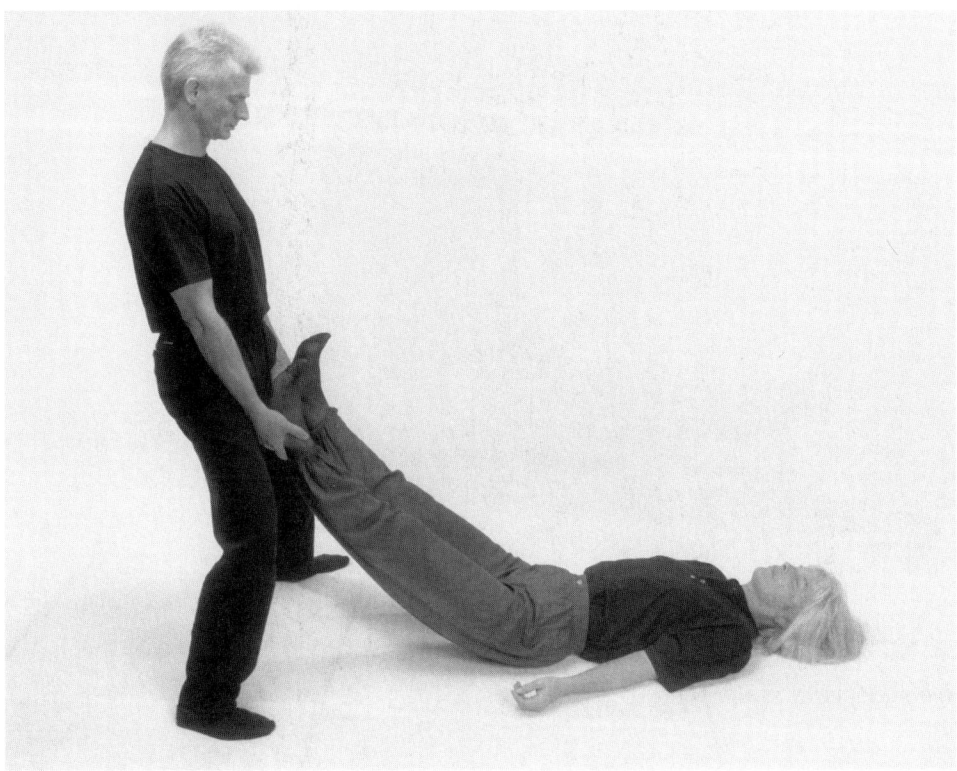

Beide Beine schütteln

6

Legen Sie das rechte Bein wieder auf den Boden. Fassen Sie beide Fußgelenke Ihrer Partnerin mit beiden Händen, und stehen Sie mit geradem Rücken auf. Lehnen Sie sich etwas zurück, und beginnen Sie, beide Hände aus den Handgelenken heraus hin- und herzudrehen. Dabei werden beide Beine Ihrer Partnerin anfangen, von den Hüftgelenken aus zu schütteln.

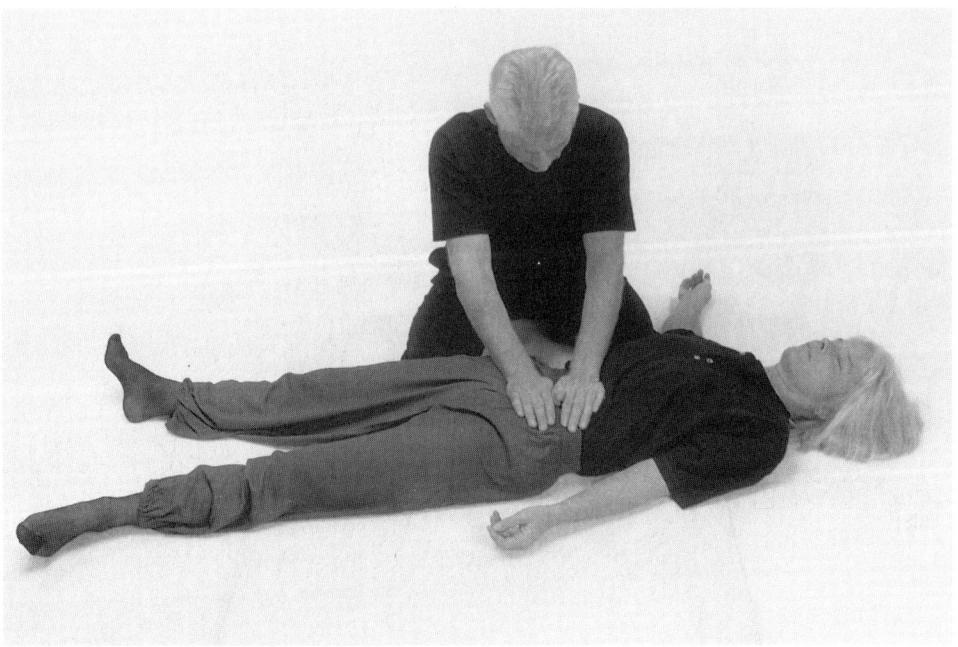

Den ganzen Körper rollen

7

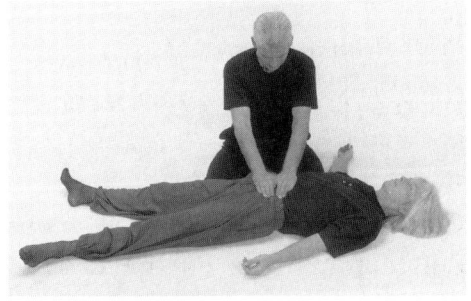

Kehren Sie in eine kniende
Position zurück, und legen Sie
beide Beine am Boden ab.
Bewegen Sie sich im Uhrzeigersinn um den Körper Ihrer
Partnerin herum. Halten Sie
dabei stets den Körperkontakt
aufrecht. Wenden Sie sich Ihrer Partnerin zu, so daß Ihre Knie ihre
rechte Seite leicht berühren, und legen Sie beide Hände auf den
Bauch Ihrer Partnerin. Lehnen Sie sich wieder vor und zurück, und
übertragen Sie diese Bewegung durch Ihre Hände auf den Bauch
Ihrer Partnerin. Schon bald wird ihr Körper anfangen, hin- und herzurollen. Führen Sie diese Bewegung ein bis zwei Minuten lang aus.

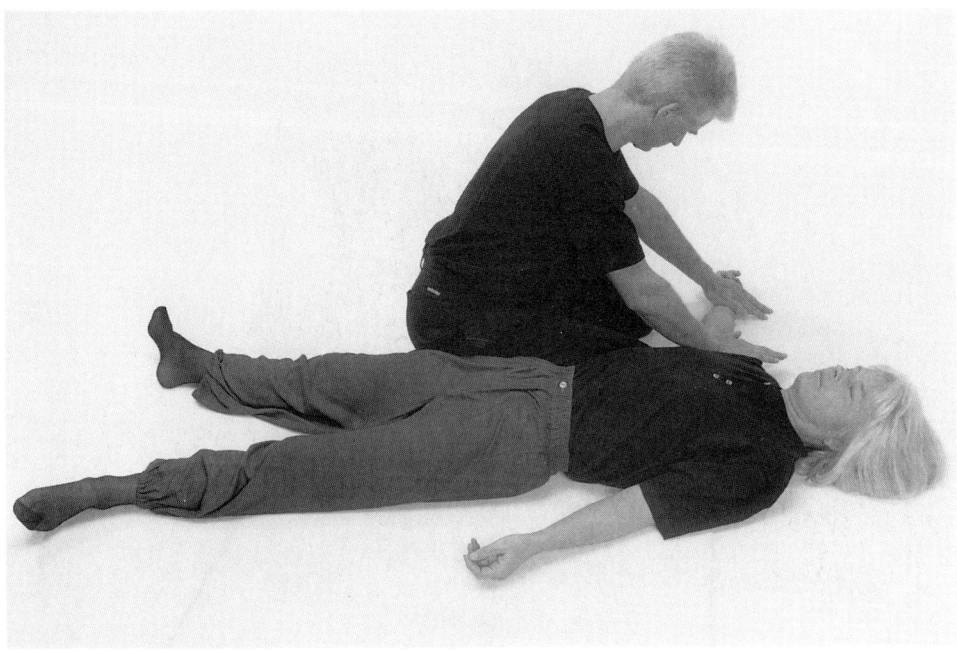

Rechten Arm rollen

8

Halten Sie inne, und drehen
Sie sich so weit nach links, daß
Sie mit Ihrem rechten Oberschenkel engen Kontakt mit
der rechten Seite Ihrer Partnerin haben. Legen Sie Ihre linke
Hand auf den rechten Unter-

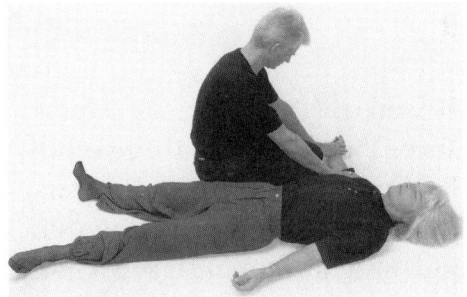

arm Ihrer Partnerin und Ihre rechte auf Ihren rechten Oberarm.
Rollen Sie dann den rechten Arm Ihrer Partnerin einige Zeit lang auf
dem Boden hin und her. Lehnen Sie sich dabei vor und zurück.

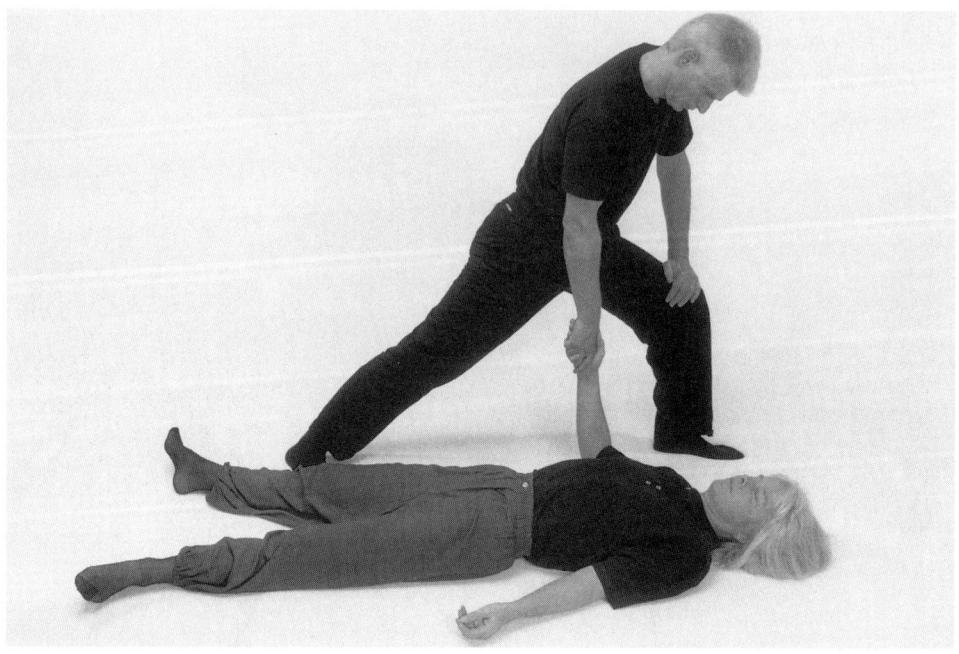

Rechten Arm schütteln

9

Fassen Sie die rechte Hand
Ihrer Partnerin mit Ihrer rechten, und stehen Sie mit geradem Rücken auf. Stellen Sie
sich direkt neben den Körper,
und schütteln Sie den rechten
Arm Ihrer Partnerin einige
Zeit lang vom Schultergelenk
aus locker hin und her.

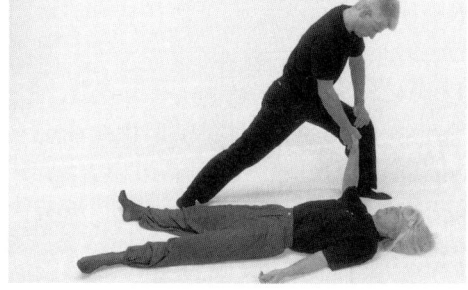

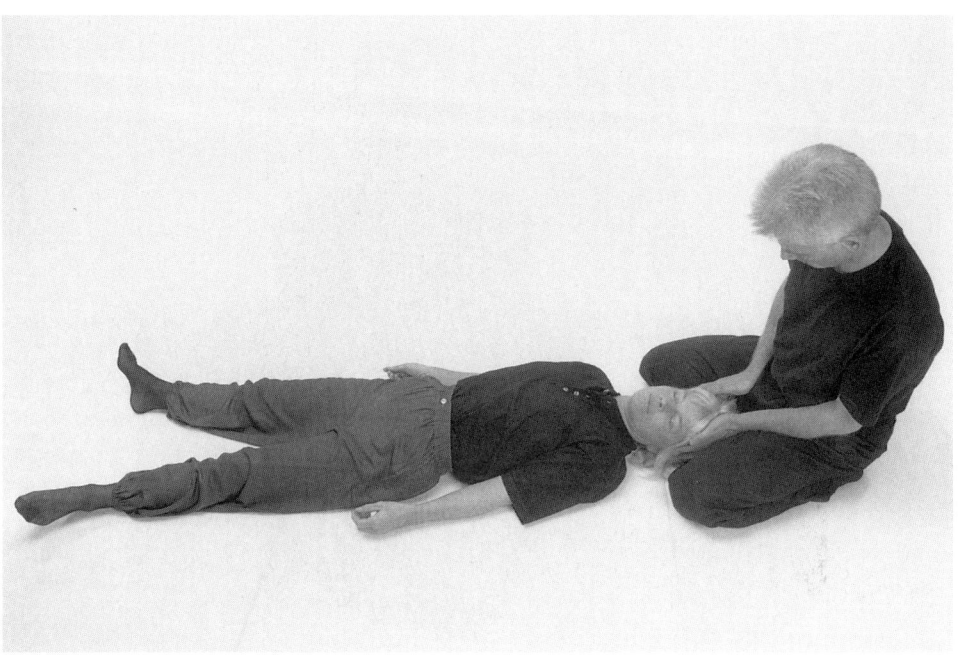

Kopf hin- und herrollen

10

Knien Sie sich wieder hin, legen Sie den rechten Arm auf den Boden, und bewegen Sie sich zum Kopfende Ihrer Partnerin, ohne dabei den Körperkontakt zu verlieren. Legen Sie beide Hände an die Seiten 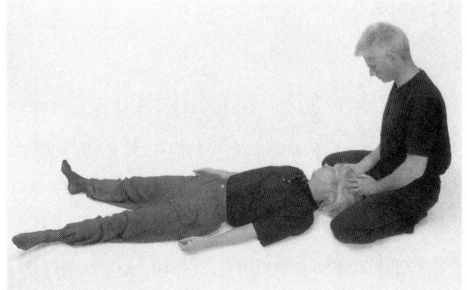 ihres Kopfes, und beginnen Sie den Kopf von einer Seite unter leichtem Druck Ihrer Hände zur anderen zu bewegen. Dabei sollte sich der Kopf nur wenig bewegen.

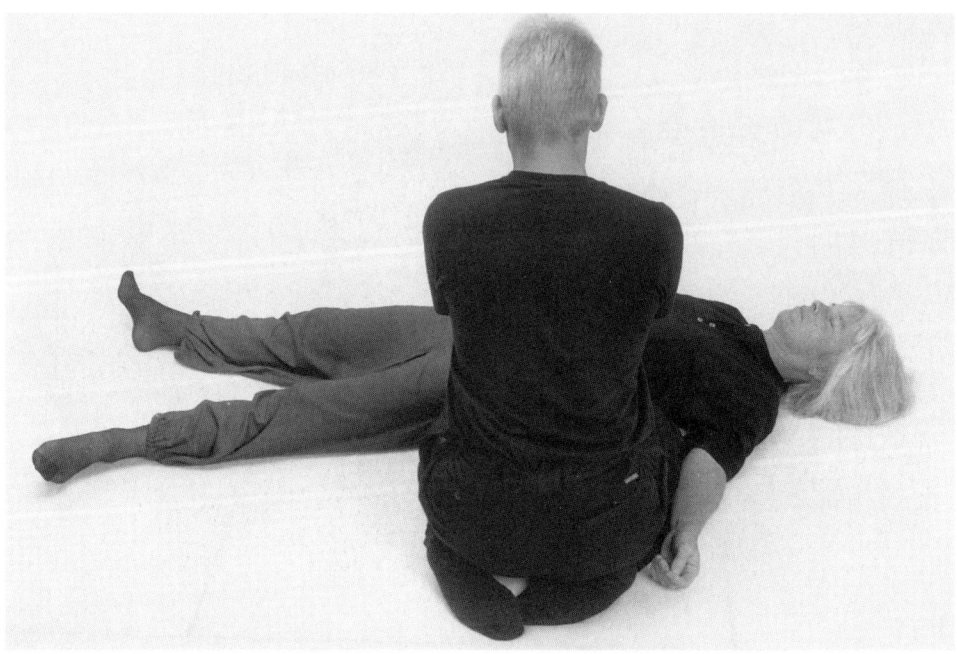

Den ganzen Körper rollen

11

Bewegen Sie sich im Uhrzeigersinn weiter zur linken Körperseite
Ihrer Partnerin, ohne dabei den Körperkontakt zu verlieren. Wen-
den Sie sich Ihrer Partnerin zu, so daß Ihre Knie ihre linke Seite
leicht berühren, und legen Sie beide Hände auf den Bauch Ihrer
Partnerin. Lehnen Sie sich wieder vor und zurück, und übertragen
Sie die Bewegung durch Ihre Hände auf den Bauch. Schon bald wird
der Körper Ihrer Partnerin anfangen, hin- und herzurollen. Führen
Sie diese Bewegung ein bis zwei Minuten lang aus.

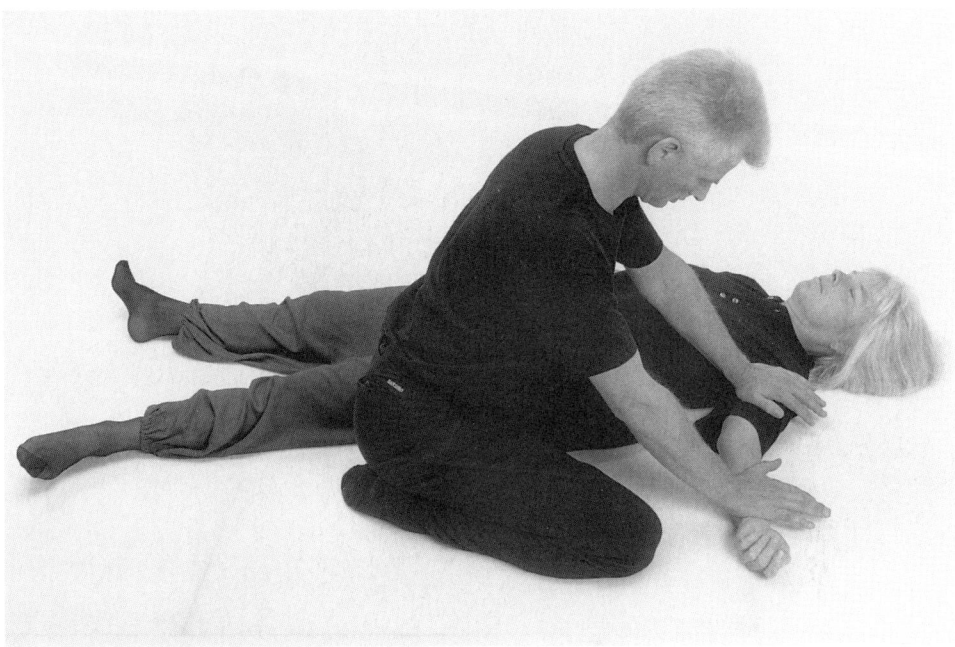

Linken Arm rollen

12

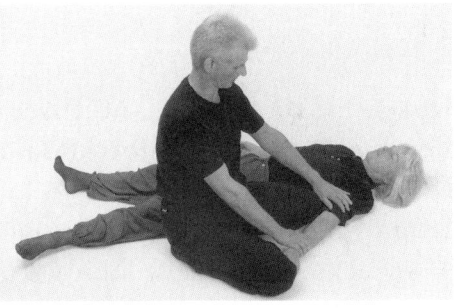

Halten Sie inne, und drehen Sie sich nach rechts, so daß Sie mit Ihrem linken Oberschenkel engen Kontakt mit der linken Seite Ihrer Partnerin haben. Legen Sie Ihre rechte Hand auf den linken Unterarm Ihrer Partnerin und Ihre linke auf ihren linken Oberarm. Rollen Sie dann den linken Arm Ihrer Partnerin einige Zeit lang auf dem Boden hin und her. Lehnen Sie sich dabei vor und zurück.

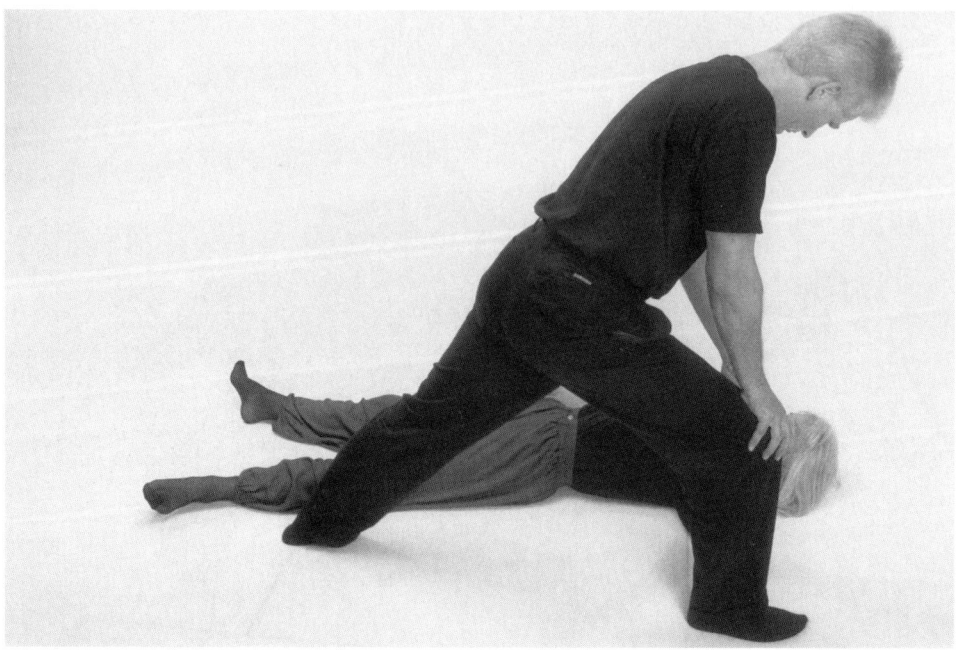

Linken Arm schütteln

13

Fassen Sie die linke Hand Ihrer Partnerin mit Ihrer linken, und stehen Sie mit geradem Rücken auf. Stellen Sie sich direkt neben den Körper, und schütteln Sie den linken Arm Ihrer Partnerin einige Zeit lang vom Schultergelenk aus locker hin und her.

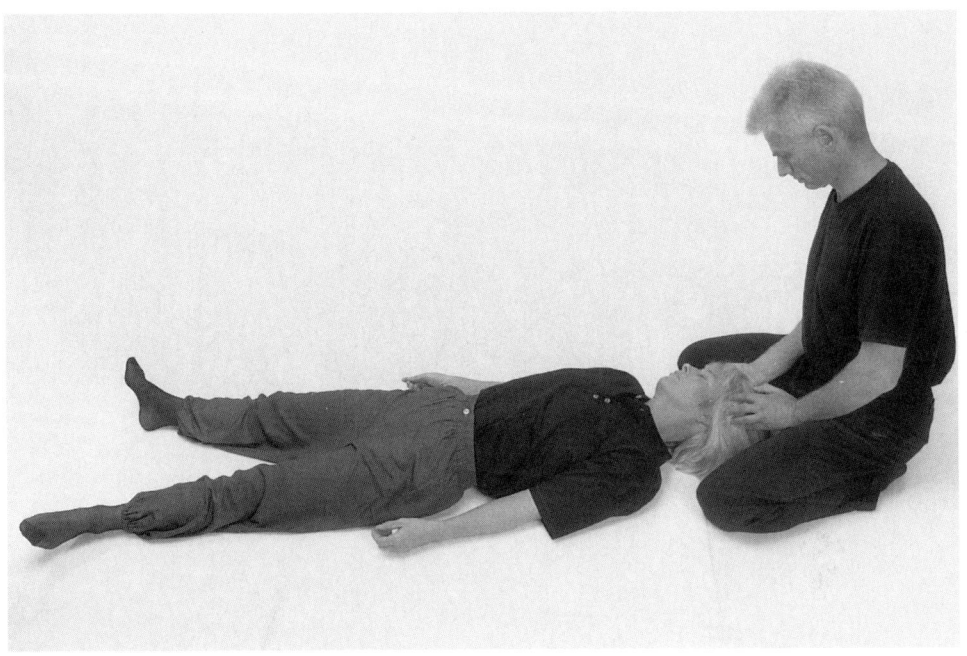

Kopf hin- und herrollen

14

Knien Sie sich wieder hin, legen Sie den linken Arm auf den Boden, und bewegen Sie sich zum Kopfende Ihrer Partnerin, ohne dabei den Körperkontakt zu verlieren. Legen Sie beide Hände an die Seiten

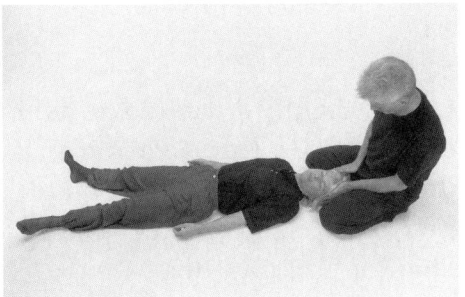

ihres Kopfes, und beginnen Sie wieder mit leichtem Druck den Kopf von einer Seite zur anderen zu bewegen. Dabei sollte sich der Kopf nur wenig bewegen.

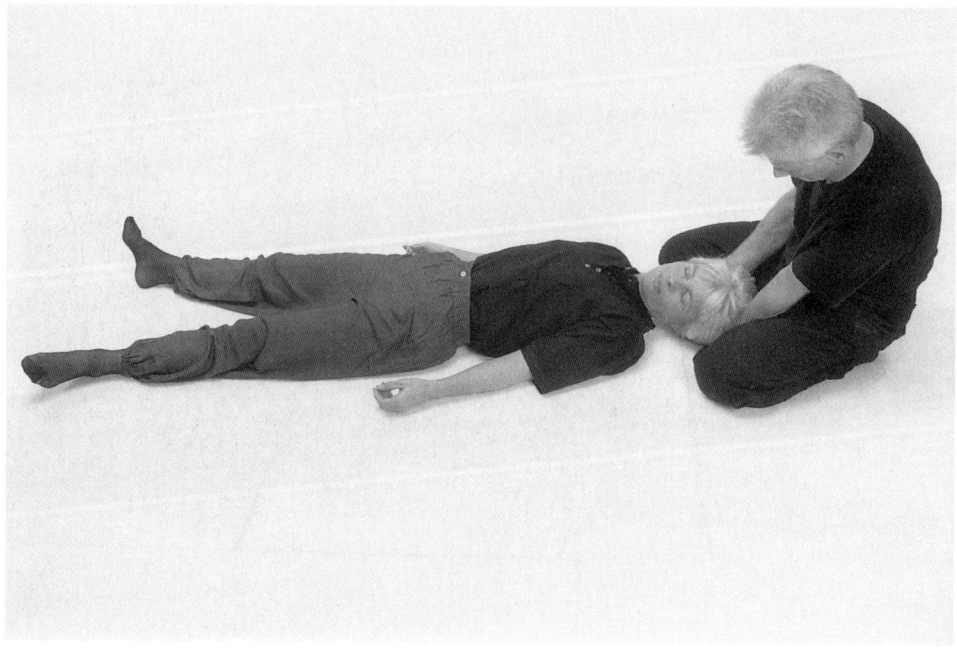

Hände unter Schädel, Kopf hin- und herrollen

15

Legen Sie Ihre Hände unter
den Schädel Ihrer Partnerin,
und rollen Sie den Kopf einige
Zeit lang langsam in Ihren
Händen hin und her.

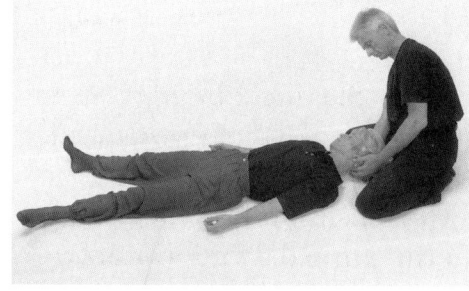

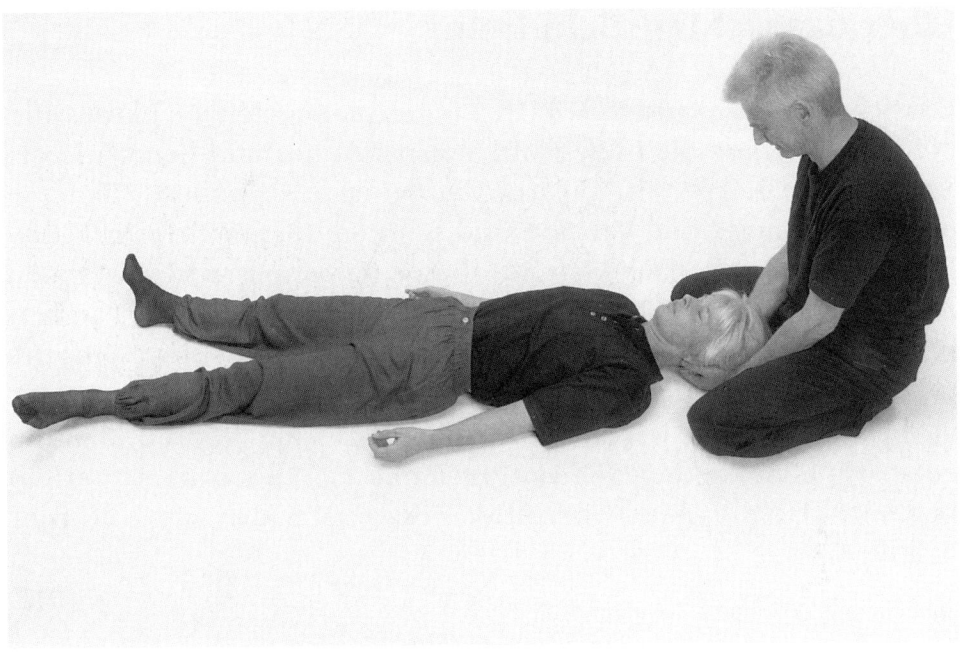

Beide Hände ruhen unter dem Schädel

16

Lassen Sie die Hände einige
Atemzüge lang in dieser Position ruhen. Ziehen Sie sich
dann langsam von Ihrer Partnerin zurück, und unterbrechen Sie den Körperkontakt.

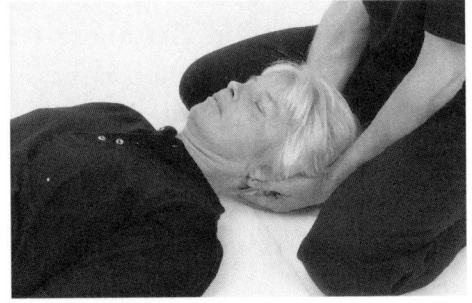

3

Über das richtige Schütteln

Das Schütteln wird ausschließlich aus den Handgelenken heraus ausgeführt. Bewegen Sie diese völlig entspannt hin und her, ohne die
Absicht, den Körper Ihrer Partnerin bewegen zu wollen. Üben Sie
diese Bewegung ohne Partner, und schütteln Sie mehrmals täglich
Ihre Handgelenke. Die Kraft aus dieser Bewegung wird durch den
Kontakt mit Ihren Händen auf den Körper des passiven Partners
übertragen, so daß dieser ebenfalls anfangen wird, sich vom ent-
sprechenden Grundgelenk aus zu bewegen.

Mit etwas Übung werden Sie nach einiger Zeit spüren, daß die
entspannte Bewegung der Handgelenke eigentlich im Unterleib
beginnt. Daher ist auch bei dieser Bewegung der ganze Körper
beteiligt.

Über das richtige Rollen

Rollen Sie einzelne Extremitäten oder den ganzen Körper Ihrer Part-
nerin nicht mit Muskelkraft von den Schultern her, sondern unter
Einsatz Ihres Körpergewichts durch eine Vor- und Zurückbewegung
Ihres ganzen Oberkörpers. Vergessen Sie einfach, daß Sie einen
anderen Körper bewegen wollen, und konzentrieren Sie sich auf die
Vorwärts- und Rückwärtsbewegung Ihres eigenen Körpers. Da Ihre
Hände auf dem Körper Ihrer Partnerin liegen und die Bewegungen
Ihres Körpers auf sie übertragen, wird auch sie anfangen, sich zu
bewegen und hin- und herzurollen.

Kombinieren

Das, was dem einen gut tut,
das tut auch dem anderen gut.

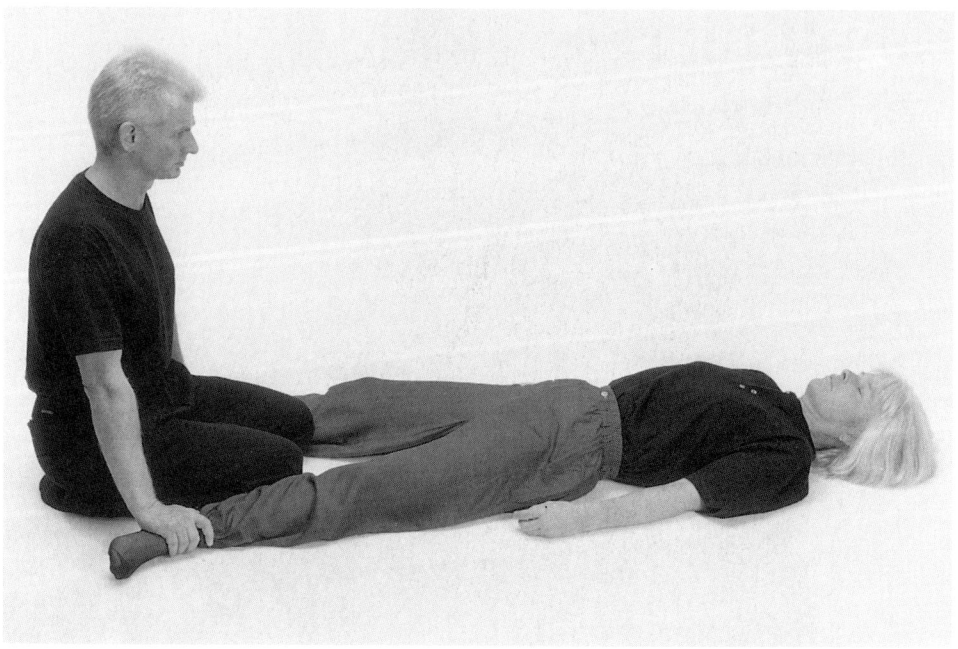

Fußgelenke halten

1

Setzen Sie sich so auf den Boden, daß sich Ihre Knie zwischen den Fußgelenken Ihrer Partnerin befinden und diese mit den Händen bequem zu erreichen sind. Fassen Sie die Fußgelenke mit beiden Händen an, so wie Sie auch den Boden berühren würden – ohne Zögern, ohne Absicht, ohne Angst. Halten Sie diese Position ein paar Atemzüge lang.

In den Körper hineinlehnen (linke Seite)

2

Halten Sie die Fußgelenke
Ihrer Partnerin, und bewegen
Sie sich nach rechts. Knien Sie
sich auf Ihr rechtes Bein, und
schieben Sie Ihr linkes so unter
beide Beine Ihrer Partnerin,
daß ihre Kniekehlen auf Ihrem

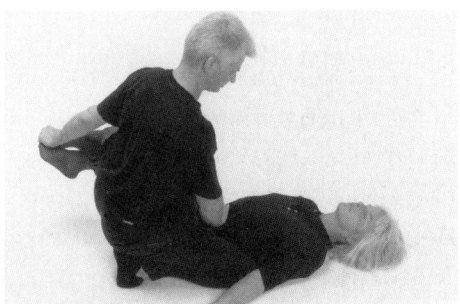

linken Oberschenkel ruhen. Legen Sie Ihre rechte Hand auf den
Bauch, und halten Sie mit Ihrer linken beide Füße an den Zehen.
Lehnen Sie sich nun so in den Körper Ihrer Partnerin hinein, daß Sie
leichten Druck auf den Bauch ausüben und die Knie in Richtung
Brust führen. Wiederholen Sie diese Bewegung mehrere Male.

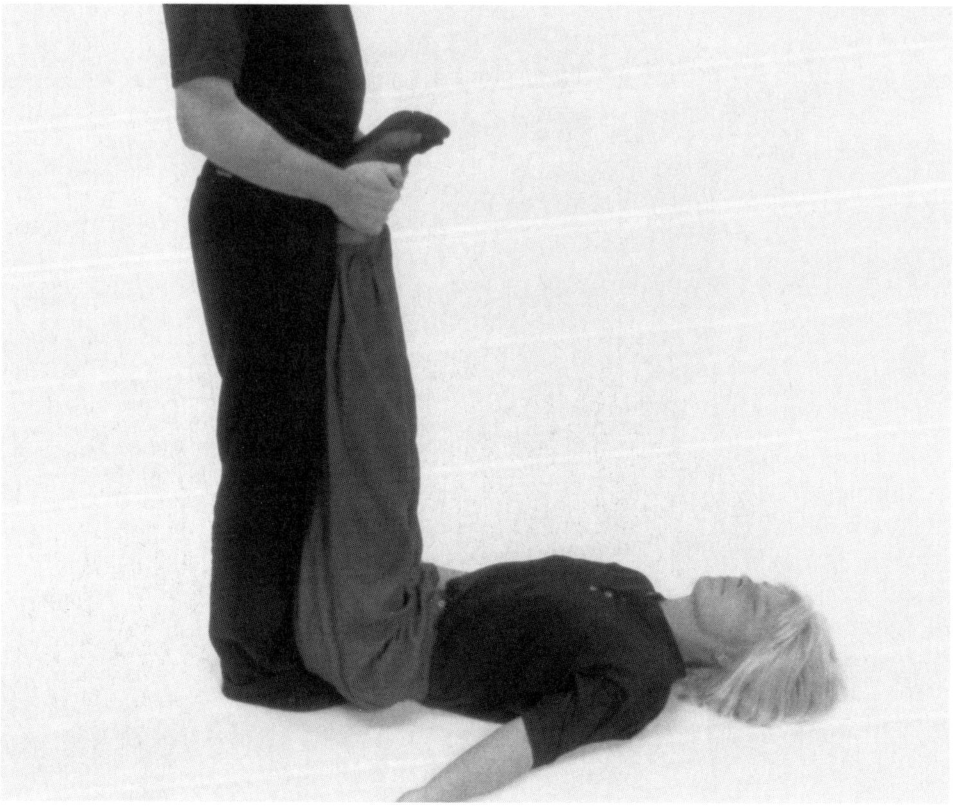

Stehend zurücklehnen und Beine halten

3

Bewegen Sie sich zu den Füßen zurück, halten Sie beide Füße Ihrer Partnerin mit beiden Händen fest, und stehen Sie mit geradem Rücken auf. Dabei heben Sie die Beine Ihrer Partnerin. Schieben Sie Ihre Zehen unter den Hintern Ihrer Partnerin, und lehnen Sie sich mit Ihrem Bauch gegen ihre Fersen. Lehnen Sie sich dann leicht zurück, und halten Sie diese Position mehrere Atemzüge lang.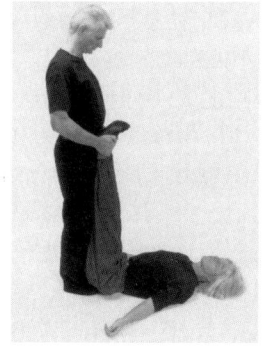

In den Körper hineinlehnen (rechte Seite)

4

Bewegen Sie sich nach links. Knien Sie sich auf Ihr linkes Bein, und
schieben Sie Ihr rechtes so unter beide Beine Ihrer Partnerin, daß
ihre Kniekehlen auf Ihrem rechten Oberschenkel ruhen. Legen Sie
Ihre linke Hand auf den Bauch, und halten Sie mit Ihrer rechten beide Füße an den Zehen. Lehnen Sie sich nun in den Körper Ihrer
Partnerin hinein, so daß Sie leichten Druck auf den Bauch ausüben
und die Knie in Richtung Brust führen. Wiederholen Sie diese Bewegung mehrere Male.

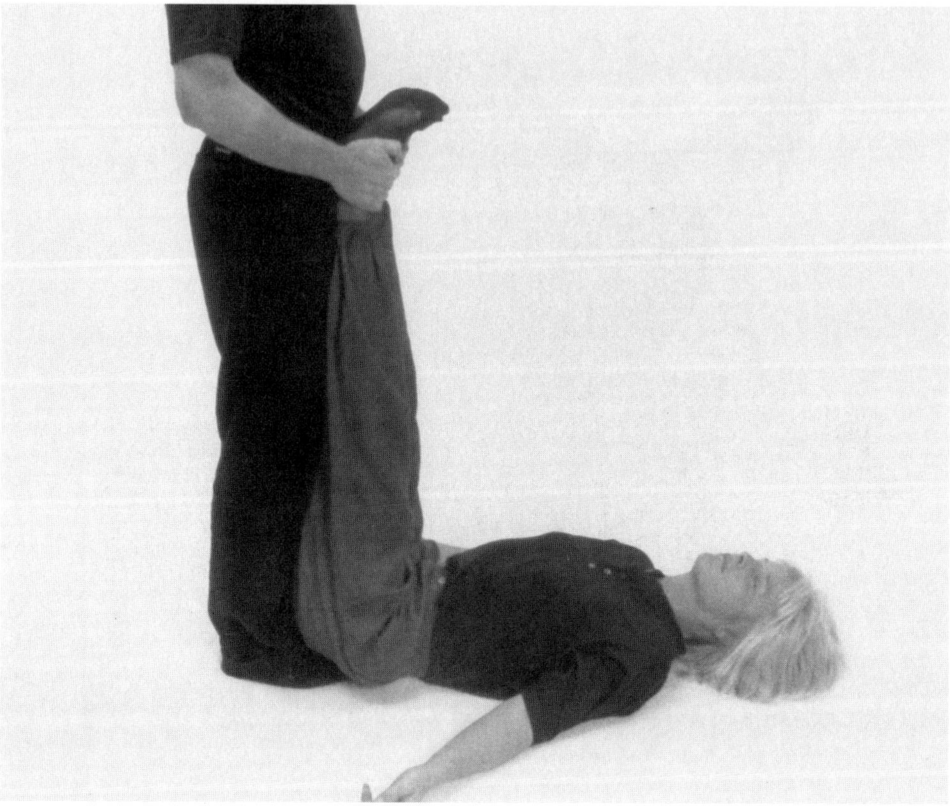

Zurücklehnen und Beine halten

5

Bewegen Sie sich zu den Füßen zurück, halten Sie beide Füße Ihrer Partnerin mit beiden Händen fest, und stehen Sie mit geradem Rücken auf. Dabei heben Sie die Beine Ihrer Partnerin. Schieben Sie Ihre Zehen unter den Hintern Ihrer Partnerin, und lehnen Sie sich mit Ihrem Bauch gegen ihre Fersen. Lehnen Sie sich leicht zurück, und halten Sie diese Position mehrere Atemzüge lang.

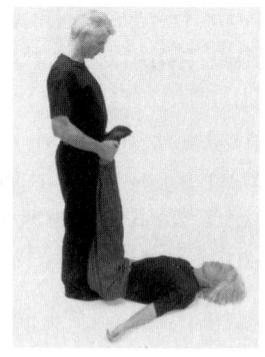

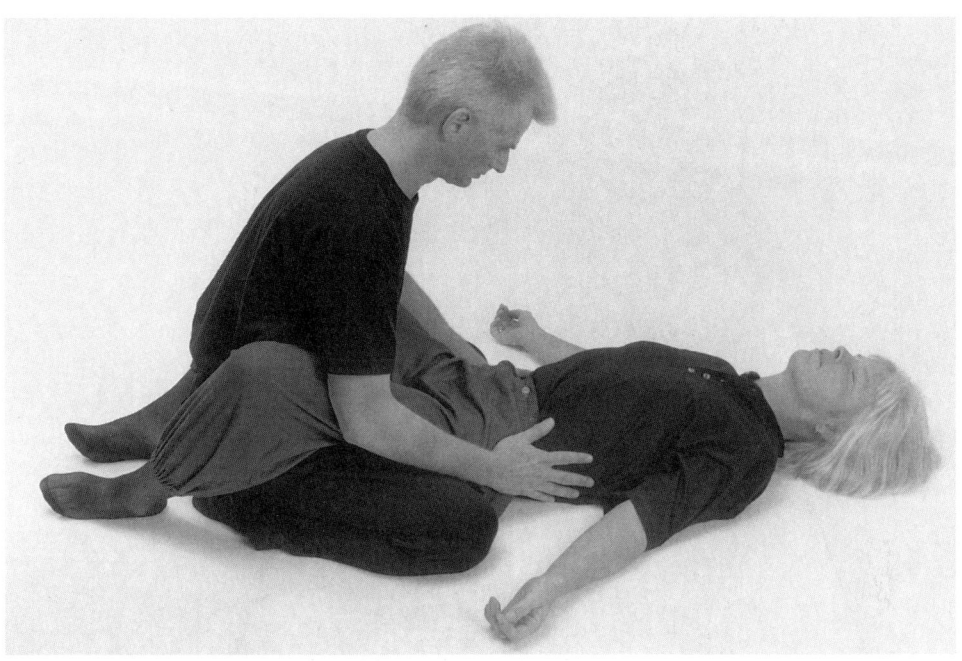

Hüften rollen

6

Öffnen Sie die Beine Ihrer Partnerin ein wenig, und knien Sie sich so hin, daß die Rückseiten ihrer Oberschenkel auf Ihren Oberschenkeln ruhen. Legen Sie Ihre Hände an die Hüften Ihrer Partnerin, und bewegen Sie sich von einer Seite zur anderen, so daß der Körper Ihrer Partnerin anfängt, von einer Seite zur anderen zu rollen. Führen Sie diese Bewegung zwei bis drei Minuten lang aus.

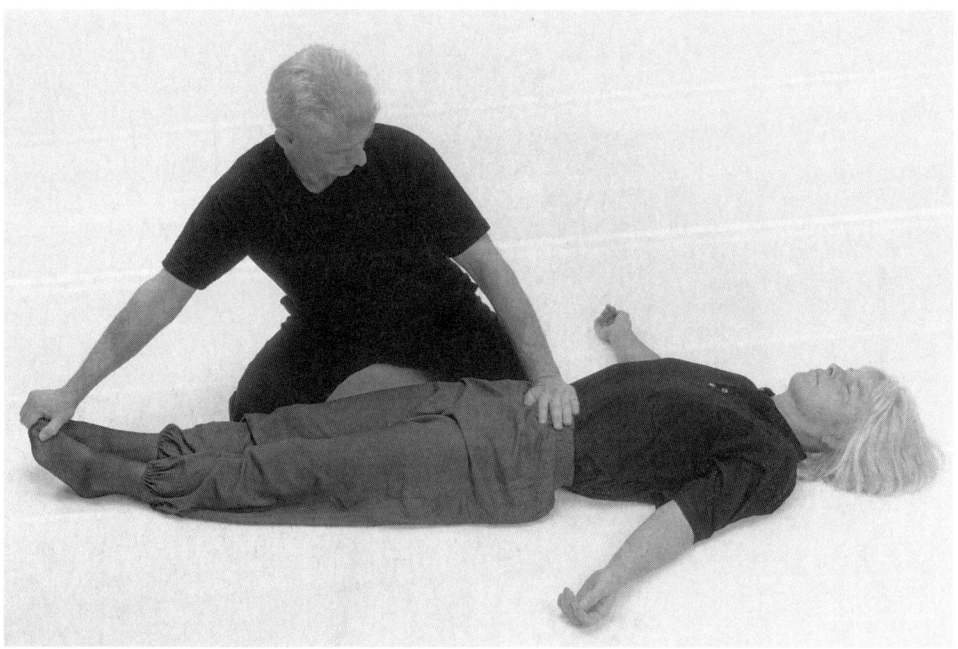

Beine hinunter streichen, Bauch und Zehen halten

7

Bewegen Sie sich langsam zu den Füßen zurück, und lassen Sie dabei die Beine Ihrer Partnerin auf den Boden gleiten. Bewegen Sie sich im Uhrzeigersinn zur rechten Körperseite Ihrer Partnerin, und setzen Sie sich im rechten Winkel zu ihr, so daß Ihre Knie ihre rechte Seite leicht berühren. Legen Sie Ihre linke Hand auf den Bauch, und streichen Sie mit der rechten vom Bauch jedes Bein Ihrer Partnerin hinunter bis zu den Zehen und über diese hinaus. Wiederholen Sie diese Bewegung noch zwei Mal, und halten Sie anschließend einige Atemzüge lang den Bauch mit Ihrer linken und die Zehen mit Ihrer rechten Hand.

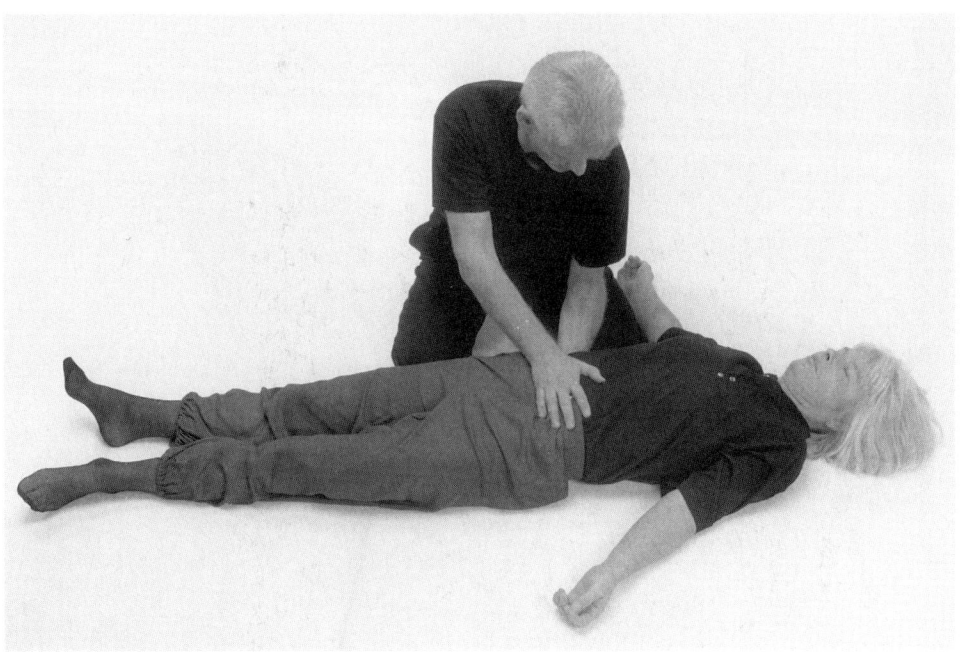

Den ganzen Körper rollen

8

Schieben Sie nun Ihre linke Hand unter den unteren Rücken, und
legen Sie Ihre rechte auf den Bauch Ihrer Partnerin. Beginnen Sie,
sie einige Zeit lang hin- und herzurollen.

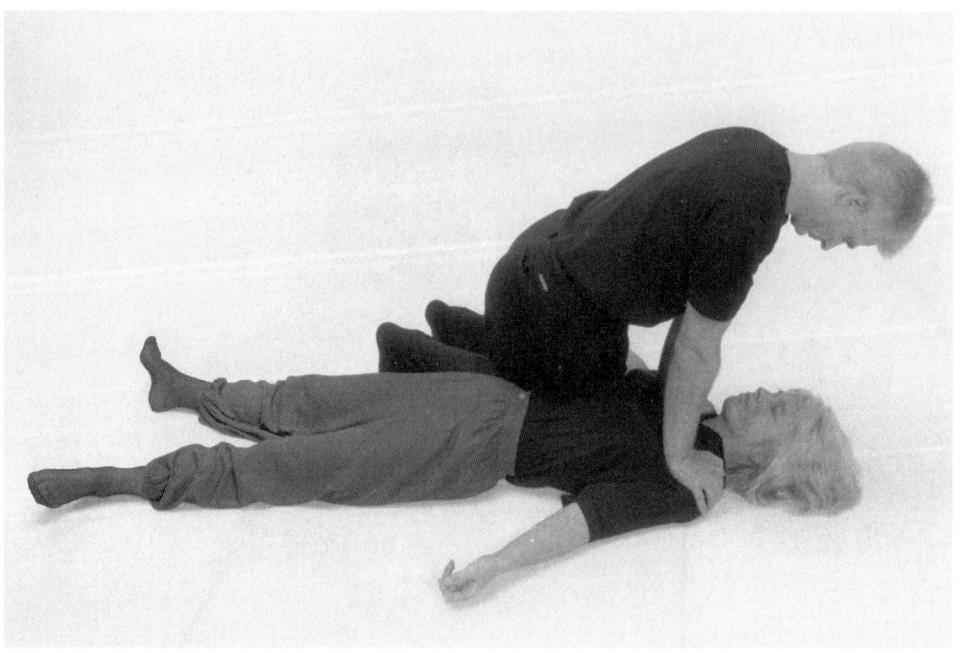

In beide Schultern hineinlehnen

9

Streichen Sie mit der linken Hand zur rechten Schulter Ihrer Partnerin und mit Ihrer rechten zur linken. Lehnen Sie sich dann mit
Ihrem ganzen Körpergewicht in die Schultern hinein. Positionieren
Sie Ihre Hände dabei so, daß Ihre Handballen in die fleischigen Vertiefungen zwischen Schultern und Brust passen. Wiederholen Sie
diese Bewegung noch zwei Mal.

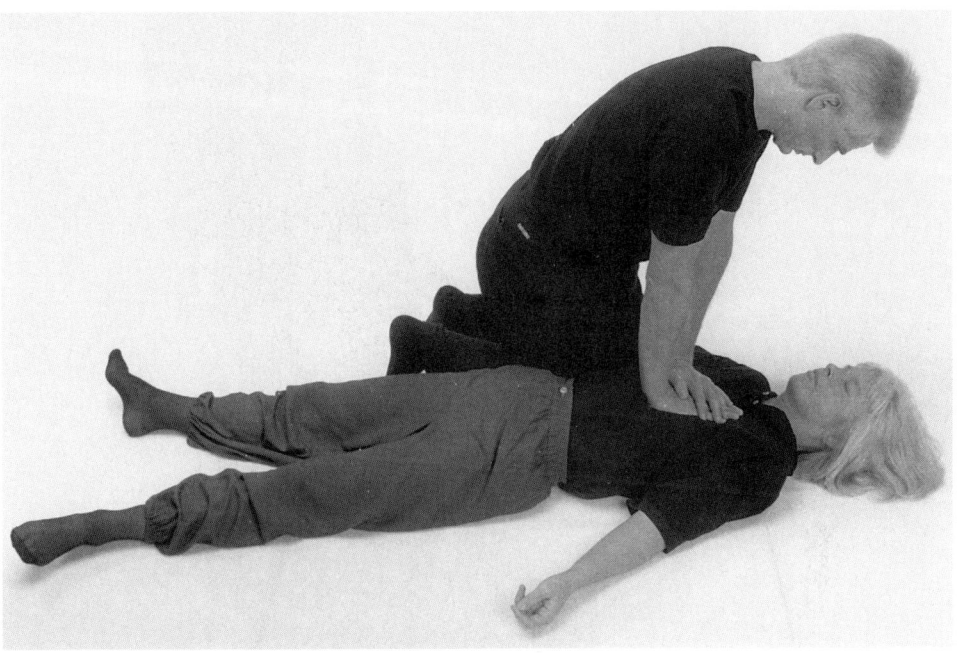

In Brust und Bauch hineinlehnen

10

Legen Sie Ihre Hände übereinander auf das Brustbein Ihrer Partne-
rin, und lehnen Sie einen Teil Ihres Körpergewichts hinein. Bewegen
Sie die Hände nach jedem Lehnen ein Stückchen weiter in Richtung
Bauch, und lehnen Sie sich mehrmals leicht in den Bauch hinein.

Arme abwechselnd nach oben strecken

11

Ergreifen Sie beide Hände Ihrer Partnerin,
und stehen Sie mit geradem Rücken auf.
Dabei setzen Sie den rechten Fuß neben die
linke Körperseite Ihrer Partnerin, so daß Sie
über ihr stehen und ihre Hände halten. Lehnen Sie sich etwas zurück und dann von einer
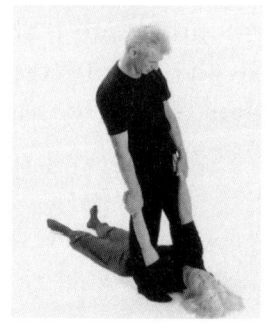
Seite zur anderen, so daß die Arme Ihrer Partnerin aus den Schul-
tergelenken heraus abwechselnd gestreckt werden.

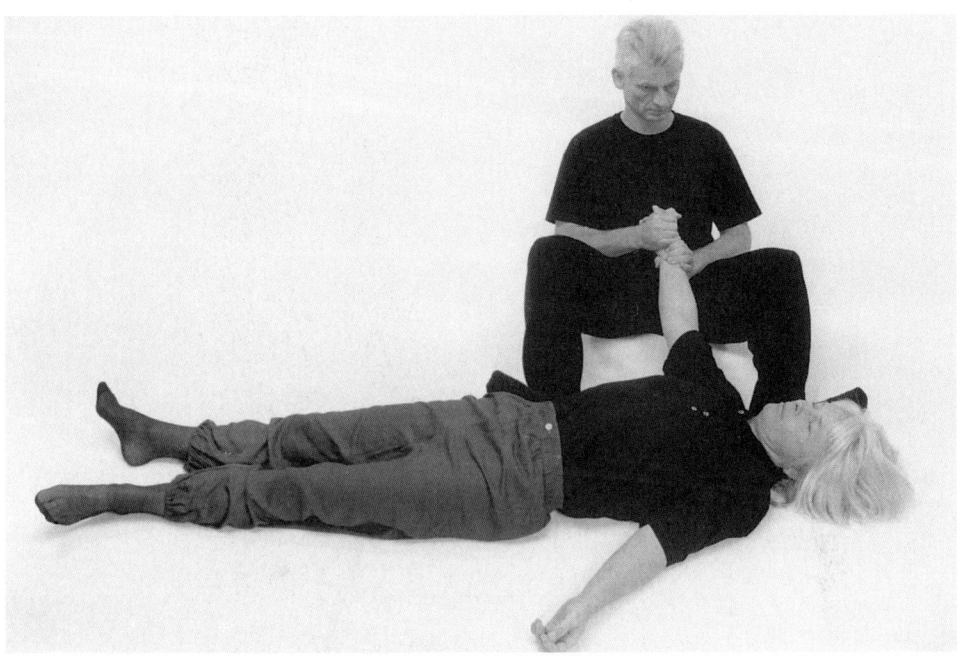

Zurücklehnen und rechten Arm seitlich strecken

12

Legen Sie den linken Arm wieder auf den Boden, und kehren Sie auf
die rechte Körperseite Ihrer Partnerin zurück. Halten Sie ihre rechte Hand mit beiden Händen fest. Setzen Sie sich auf den Hintern,
und drücken Sie mit der linken Fußsohle ganz leicht gegen den Kopf
Ihrer Partnerin und mit der rechten gegen ihre rechte Hüfte. Lehnen Sie sich anschließend zurück, so daß der rechte Arm Ihrer Partnerin aus dem Schultergelenk heraus seitlich gestreckt wird. Wiederholen Sie diese Bewegung noch zwei Mal.

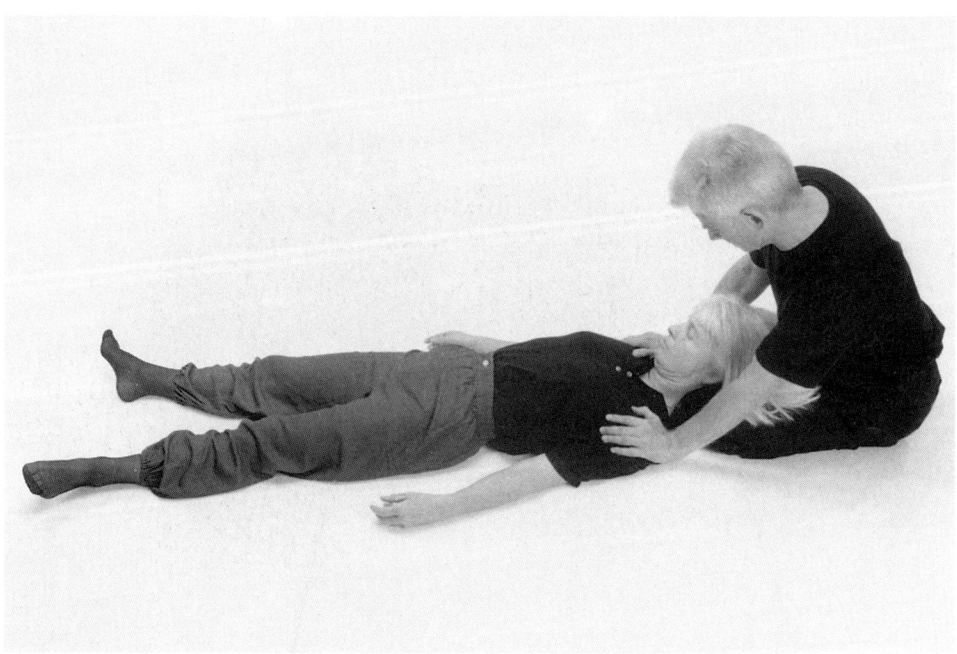

Kopf auf den Beinen, abwechselnd in die Schultern hineinlehnen

13

Legen Sie den rechten Arm
wieder neben dem Körper auf
den Boden, und bewegen Sie
sich zum Kopf Ihrer Partnerin,
ohne dabei den Körperkon-
takt zu unterbrechen. Schieben Sie Ihre Hände unter den

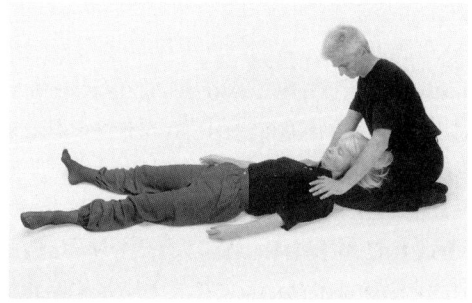

Schädel, und heben Sie den Kopf soweit an, daß Sie mit Ihren Knien
darunter rutschen können. Der Kopf sollte jetzt auf Ihren Oberschenkeln ruhen. Legen Sie Ihre Hände auf die Schultern, und lehnen Sie sich von einer Seite zur anderen. Dabei drücken Sie die
Schultern abwechselnd von sich weg.

Zurücklehnen und linken Arm seitlich strecken

14

Legen Sie den Kopf wieder auf den Boden, und bewegen Sie sich im
Uhrzeigersinn zur linken Körperseite Ihrer Partnerin, ohne dabei
den Körperkontakt zu unterbrechen. Halten Sie ihre linke Hand mit
beiden Händen fest. Setzen Sie sich auf den Hintern, und drücken
Sie mit der rechten Fußsohle ganz leicht gegen den Kopf Ihrer Partnerin und mit der linken gegen ihre linke Hüfte. Lehnen Sie sich
anschließend zurück, so daß der linke Arm Ihrer Partnerin aus dem
Schultergelenk heraus seitlich gestreckt wird. Wiederholen Sie diese
Bewegung noch zwei Mal.

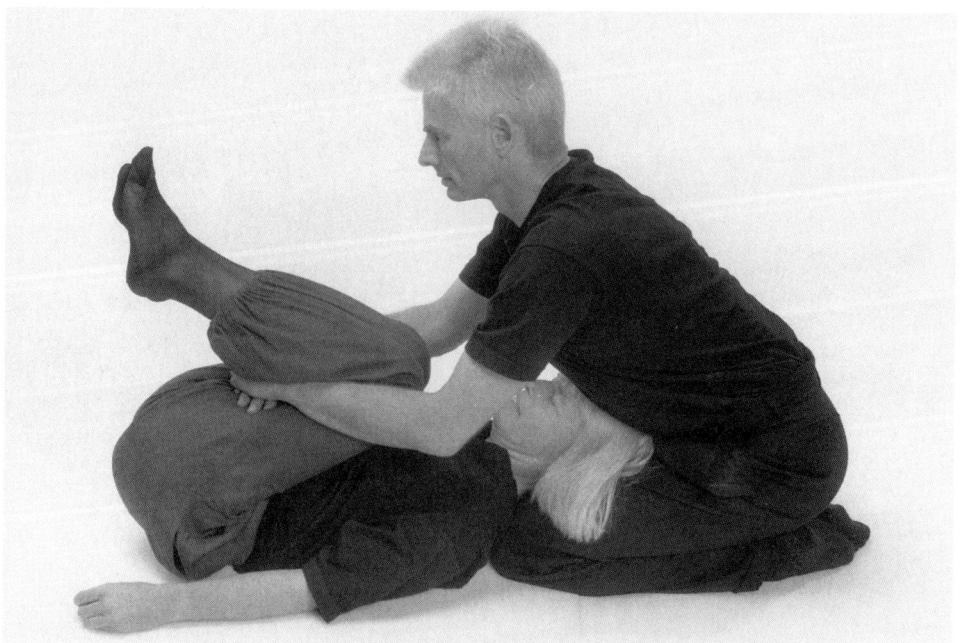

Beide Knie zur Brust führen und halten

15

Legen Sie den linken Arm wieder neben dem Körper auf den Boden, und bewegen Sie sich erneut zum Kopf Ihrer Partnerin, ohne dabei den Körperkontakt zu unterbrechen. Schieben Sie wieder Ihre Hände unter den Schädel, und heben Sie den Kopf soweit an, daß Sie mit Ihren Knien darunter rutschen können. Der Kopf Ihrer Partnerin sollte jetzt auf Ihren Oberschenkeln ruhen. Lehnen Sie sich nach vorne, und greifen Sie mit beiden Händen unter die Oberschenkel Ihrer Partnerin. Verschränken Sie Ihre Hände, und richten Sie Ihren Oberkörper auf. Dabei führen Sie beide Knie Ihrer Partnerin zu ihrer Brust. Halten Sie diese Position mehrere Atemzüge lang.

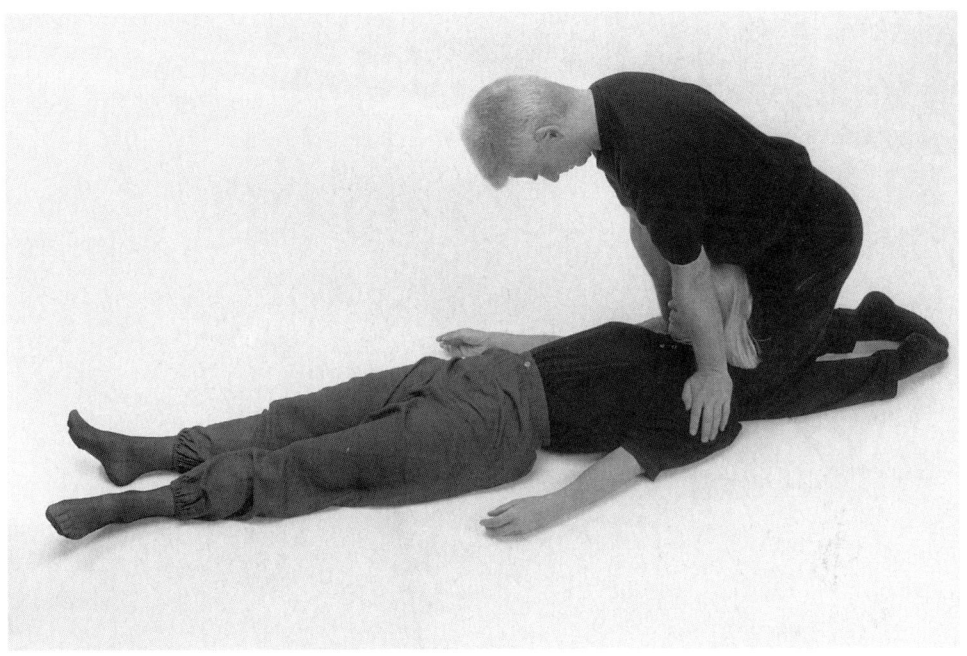

Kopf in Richtung Brust führen

16

Lehnen Sie sich nach vorne, und lassen Sie die Beine zurück auf den
Boden gleiten. Legen Sie Ihre Hände fest auf die Schultern Ihrer
Partnerin, und richten Sie sich ein Stück weit auf. Dabei wird der
Kopf Ihrer Partnerin in Richtung ihrer Brust gerückt, so daß der
Nackenbereich gestreckt wird. Wiederholen Sie diese Bewegung
noch zwei Mal.

4

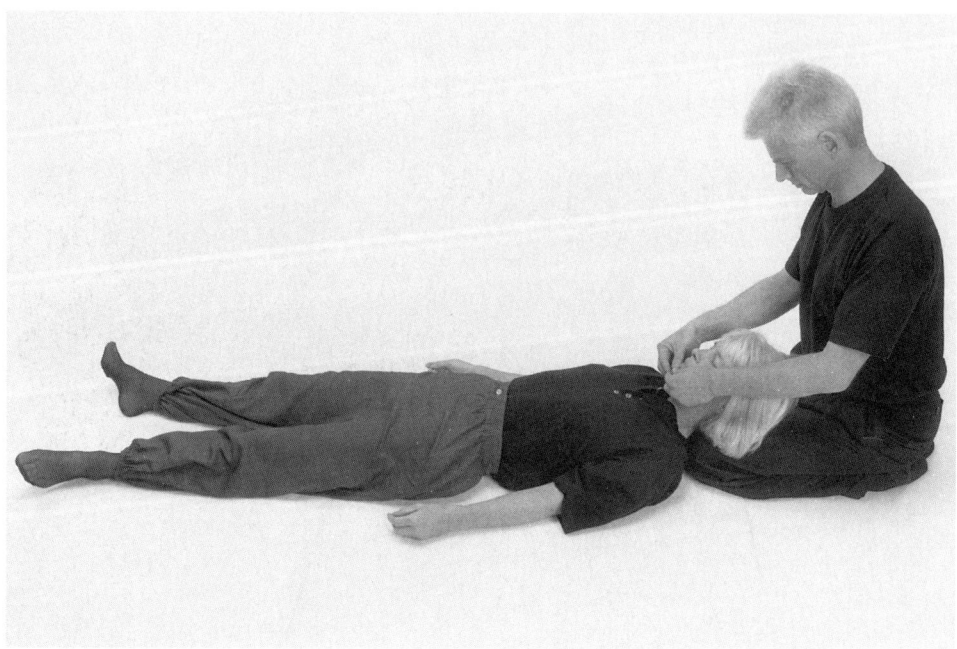

Auf Gesicht drücken und streichen

17

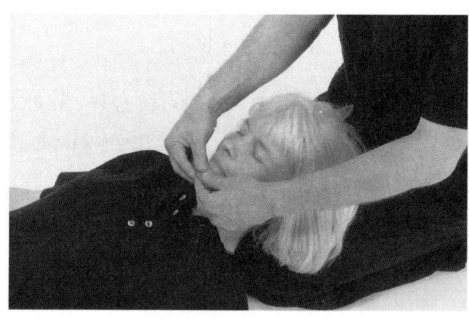

Der Kopf Ihrer Partnerin befindet sich weiterhin auf Ihren
Oberschenkeln. Drücken Sie
nun mit Ihren Fingerspitzen
vom Kinn ausgehend auf das
gesamte Gesicht Ihrer Partnerin, bis Sie zum Schädeldach
gelangt sind. Wiederholen Sie diese Bewegung noch zwei Mal, und
streichen Sie anschließend drei Mal mit den Fingern vom Kinn aus
über das Gesicht bis zum Schädeldach.

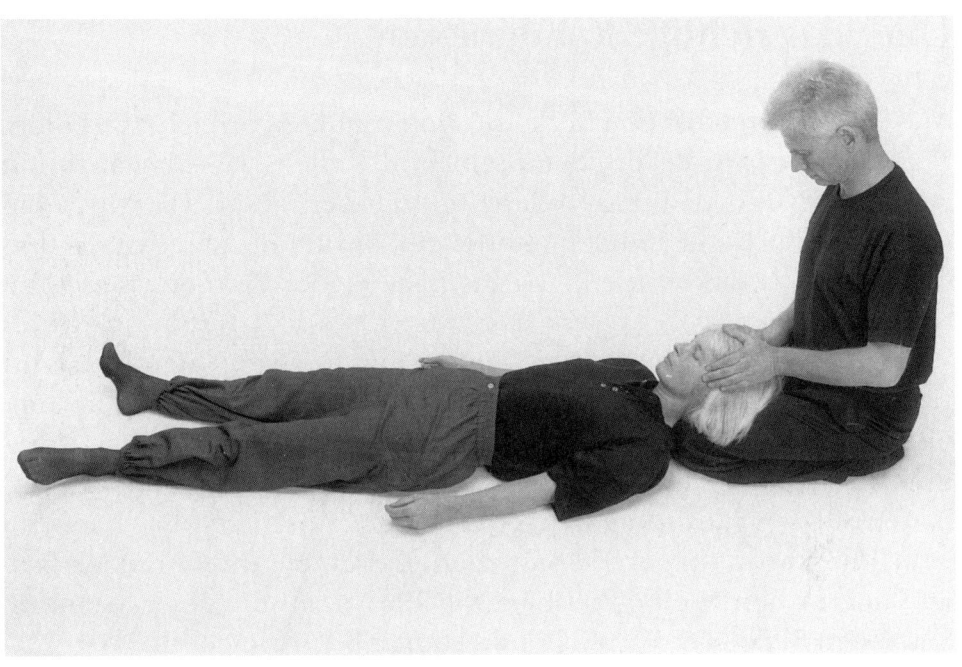

Beide Hände ruhen auf dem Schädel

18

Legen Sie nun beide Hände
auf den Schädel Ihrer Partnerin, und lassen Sie sie mehrere
Atemzüge lang dort ruhen. Ziehen Sie sich dann langsam von
Ihrer Partnerin zurück, und
unterbrechen Sie den Körperkontakt.

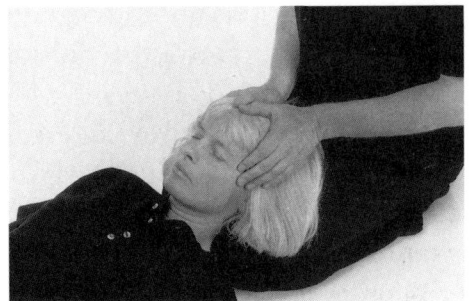

4

Über das richtige Kombinieren

Aus den sieben Grundtechniken (Hineinlehnen, Streichen, Halten, Zurücklehnen, Strecken, Schütteln und Rollen) lassen sich durch geschicktes und phantasievolles Kombinieren Hunderte von völlig unterschiedlichen Übungen entwickeln, die auf die jeweiligen – und sich ständig verändernden – Bedürfnisse beider Partner zugeschnitten sind.

Fangen Sie immer an den Füßen an, bewegen Sie sich dann zunächst im Uhrzeigersinn um den Körper Ihrer Partnerin herum, und enden Sie immer am Kopf. Lassen Sie sich dabei von Ihrer Intuition leiten. Folgen Sie keinem vorher festgelegten Plan, sondern verhalten Sie sich ganz spontan. Der Verstand kann nicht wissen, was Sie oder Ihre Partnerin gerade brauchen. Lassen Sie Ihrem Körper freien Lauf. Er besitzt eine Weisheit, die älter ist als die des Verstandes. Vertrauen Sie dieser Weisheit, und stehen Sie ihr nicht im Weg.

Manchmal mag es angebracht sein, sehr aktiv zu sein und sich kraftvoll zu bewegen; manchmal ist es nötig, einfach still mit der Partnerin zu sitzen und nur ihre Füße oder ihren Bauch zu halten.

Achten Sie stets auf die Signale Ihres Körpers. Wenn eine Position unbequem ist, dann ist sie falsch. Wenn sich etwas gut anfühlt, so ist es richtig.

Führen Sie alle Bewegungen gleichmäßig und rhythmisch aus. Vermeiden Sie ruckartige Bewegungen und plötzliche Rhythmusänderungen, die nur dazu führen, daß die passive Partnerin sich nicht entspannen kann.

Beenden Sie jede Übung am Kopf, und unterbrechen Sie den Körperkontakt erst, wenn die Übung vorbei ist. Indem Sie den Körperkontakt aufrechterhalten, weiß die passive Partnerin jederzeit, wo Sie sich befinden. So kann sie sich in Ihre Hände hinein entspannen. Spürt sie aber nicht, wo Sie sind, wird sie sich bei einer unerwarteten Berührung erschrecken und sich Ihnen wieder verschließen.

Anregung für Übende

Es ist sicherlich am schönsten, diese Übungen mit einem Menschen zu teilen, den Sie lieben oder der Ihnen sonst sehr viel bedeutet. Wenn Sie die in diesem Buch beschriebenen Übungen mit Ihrem Lebenspartner ausführen, besteht die Möglichkeit ihm näherzukommen, ihn auf neue Art und Weise kennenzulernen und mit ihm ein neues Maß an Intimität zu erleben. Aber natürlich macht es auch Spaß mit Kindern, Eltern, anderen Familienmitgliedern oder einfach mit Gleichgesinnten zu üben. Diese Übungen sind auch eine gute Möglichkeit, andere Menschen kennenzulernen und ihnen auf entspannte, nicht-sexuelle Weise näherzukommen.

Sie können sich möglicherweise einmal in der Woche oder einmal im Monat mit anderen Übenden zu einem Erfahrungsaustausch treffen, gemeinsam üben und herausfinden, wie Sie die Übungen Ihren ganz speziellen Bedürfnissen anpassen können und wie sich die sieben Grundtechniken zu einer Vielfalt von phantasievollen Übungen kombinieren lassen.

Ich kenne mehrere Partnerschaften, aus denen scheinbar schon lange der "Dampf raus" war und denen durch das gemeinsame Üben neues Leben eingehaucht wurde. Wenn Ihnen und Ihrem Partner die Übungen guttun; wenn Sie merken, daß Sie mehr Energie haben, sich insgesamt wohler fühlen, besser schlafen und optimistischer in die Zukunft blicken, geben Sie das Geschenk der Gesundheit und Lebensfreude, das ich Ihnen mit diesem Buch machen möchte, an andere Menschen weiter, die ebenfalls davon profitieren können. Sie werden es Ihnen danken und gemeinsam mit Ihnen und mir auf der spannenden Reise zu Heilung und Ganzwerdung voranschreiten können. Ich wünsche Ihnen allen das Beste und ein glückliches, gesundes und langes Leben.

Für Anregungen, Kommentare und Erfahrungsberichte bin ich Ihnen dankbar. Bitte schreiben Sie mir an die folgende Adresse:

Manfred Miethe
c/o Umschau Buchverlag
Stuttgarter Straße 18 - 24
D-60329 Frankfurt am Main

Danksagung

Ich möchte mich an dieser Stelle bei allen meinen Lehrern für Heilkunde, Massage und Körperarbeit auf das herzlichste bedanken – ganz besonders bei:

Irene Cordes, meiner Großmutter, die mir in Hamburg die Kraft des Heilens übertrug, als ich noch ein Teenager war;

Robert van Heckeren, der mich in Hamburg und in Holland Yoga und Massage lehrte;

Frau Goralewski, bei der ich in Berlin lernte, was Entspannung wirklich heißt;

Michio Kushi, der mich in Boston in die aufregende Welt der Makrobiotik und des Do-In einführte;

Robert Warner, der mich in Berkeley Chi Kung lehrte;

Kathy Robinson, von der ich in Honolulu zum Massagetherapeuten ausgebildet wurde;

Marie Riley, die mich in Kaneohe in die Geheimnisse von Jin Shin Do einweihte;

John Pasqualetti, von dem ich in Honolulu den ersten und zweiten Reiki-Grad erhielt;

Manocher Movlai und *Jon Schreiber*, von denen ich in Oakland Briema-Körperarbeit lernte.

Außerdem danke ich allen meinen ehemaligen Schülern und Patienten in Hawaii und in Kalifornien für ihre Unterstützung, ihre Begeisterungs- und Kritikfähigkeit. Ihr alle – Lehrer wie Schüler – seid für immer ein Teil von mir. Eure Kunst, Eure Erfahrung und Eure Weisheit sind auf jeder Seite dieses Buches wiederzufinden.

Ich bedanke mich auch ganz herzlich bei meiner geliebten Frau Sylvia, die wie schon im „Fliegenden Phoenix" auch diesmal mit mir auf den Abbildungen zu sehen ist, und bei dem Fotografen Herbert Adam, dem es gelang, diese Übungen kunstvoll auf Film zu bannen.

Ich danke allen Mitarbeitern des Umschau Buchverlags für ihren Glauben an mich, für ihre kontinuierliche Unterstützung und ihre liebevolle Betreuung, und ganz besonders Karin Kern für ihr ausgezeichnetes Lektorat.